U1070963

PROFESSIONAL SPIRIT

职人精神

工匠型员工进阶的八项修炼

赵 斌◎著

SPM
南方出版传媒
广东经济出版社
—广州—

图书在版编目（CIP）数据

职人精神：工匠型员工进阶的八项修炼／赵斌著．—广州：广东经济出版社，2017．3
ISBN 978－7－5454－5283－9

Ⅰ．①职… Ⅱ．①赵… Ⅲ．①职业道德Ⅳ．①B882．9

中国版本图书馆 CIP 数据核字（2016）第 030617 号

出 版 人：姚丹林
责任编辑：蒋先润
责任技编：许伟斌
装帧设计：视觉传达

出版发行	广东经济出版社（广州市环市东路水荫路 11 号 11～12 楼）
经销	全国新华书店
印刷	广东新华印刷有限公司 （广东省佛山市南海区盐步河东中心路）
开本	730 毫米×1020 毫米　1/16
印张	11．5
字数	176 000 字
版次	2017 年 3 月第 1 版
印次	2017 年 3 月第 1 次
印数	1～5 000
书号	ISBN 978－7－5454－5283－9
定价	36．00 元

如发现印装质量问题，影响阅读，请与承印厂联系调换。
发行部地址：广州市环市东路水荫路 11 号 11 楼
电话：（020）38306055　37601950　邮政编码：510075
邮购地址：广州市环市东路水荫路 11 号 11 楼
电话：（020）37601980　营销网址：**http://www.gebook.com**
广东经济出版社新浪官方微博：**http://e.weibo.com/gebook**
广东经济出版社常年法律顾问：何剑桥律师

序言

韩国中央银行曾对世界41个国家经营历史超过百年的企业做过一项统计，结果显示，超过200年经营历史的百年老店共有5586家，其中日本就占了3146家，高居榜首。

日本有如此多的百年老店是因为日本社会中有大量职人，从某种程度上讲，日本称得上是“职人国家”。

在日本，职人是一个让人肃然起敬的称谓，一名弟子、一名学徒、一名新员工，被师傅以“职人”相称时，方被认可，才算得上是登堂入室。一些为本行业做出特殊贡献的职人，甚至还能得到政府“人间国宝”的认定。

职人身上，会自然流露出一种强烈的职人气质。他们致力追求自己手艺的进步，并对此保持自信，不因金钱和时间的制约而扭曲自己的意志或做出妥协，只做自己认可的工作。一旦接手工作，就算完全弃利益于不顾，他们也要使出浑身解数去完成。

职人，将技艺视为安身立命之根本，一生沉浸其中，心无旁骛，崇尚一生专注做一事，即专注于一道、一艺、一职，从一而终。这正是日本的职人文化，是日本职人最纯粹的价值观，也就是所谓的“一生悬命”。一生只专注做一件事，为了一件事而付出一生的努力。就如“寿司之神”小野二郎的感悟：“一旦你决定好职业，你必须全身心地投入工作，你必须爱你的工作，千万不要有怨言，你必须穷尽一生磨练技能。”

职人将工作场所视为道场，将工作视为神业，在工作中，精进技能，砥砺心性，探索人生。在这种境界下，工作和事业上的成就，都成了副产品。

同样视工作为天职的还有德国人，在德语 Beruf（职业、天职）一词中，职业即天职：工作是上帝安排的任务。这一理念在三个层面上深刻地影响着德国人：

第一，将世俗的工作视为一种神圣的使命，以最神圣的态度去面对世俗的工作；

第二，尊重分工与合作，不过分关注职业的形式，工作没有高低贵贱之分；

第三，极其安心于本职工作，有极佳的职业精神。

这种职业精神铸就了德国制造、德国品质的神话，在这个人口只有 8000 多万的国家中，竟然诞生了 100 多名诺贝尔奖得主，诞生了 2300 多个世界知名品牌。

而我们国人见面，习惯问“混得怎么样”，注意用的是“混”字，他们对工作的标准不高，对自身要求不严；只求过得去，不求过得硬；工作积极性不高、主动性不强，得过且过。这是典型的混日子，即“混业”。

混日子，混工作，糊弄老板，也愚弄了自己。混日子，最大的受害者其实不是别人，而是自己。

要知道，世界上从来没有什么事情能够轻易成功，任何成就的取得无不是千锤百炼的结果，三天打鱼两天晒网、三心二意是行不通的。没有自己与自己较劲、永远不满足现状的进取心，没有钻牛角尖般的完美主义行为，不管做什么，都难有所成。

职人要炼成，需要的是“一生悬命”式的心无旁骛，是十年磨一剑的坚韧和执着，是一种自觉的使命，没有这些，职人精神便无从谈起。

1987 年，43 岁的任正非和他的 5 个同伴一共凑了 2.1 万元，创办华为公司。28 年后，华为由一个小作坊式企业成长为通信领域的全球领导者，

2015年实现营收3950亿元，净利润369亿元，年均增速达30%以上。

华为成功的基因，或者说密码是什么呢？

任正非的答案是“28年只做一件事”，任正非在接受新华社记者采访时，提到：“华为坚定不移28年只对准通信领域这个‘城墙口’冲锋。我们成长起来后，坚持只做一件事，在一个方面做大。华为只有几十人的时候就对着一个‘城墙口’进攻，几百人、几千人、几万人的时候也是对着这个‘城墙口’进攻，现在十几万人还是对着这个‘城墙口’冲锋。密集炮火，饱和攻击。每年1000多亿元的‘弹药量’炮轰这个‘城墙口’，研发近600亿元，市场服务500亿元到600亿元，最终在大数据传送上我们领先了世界。”

正所谓“吾生也有涯，而知也无涯”，职人们心无旁骛地迈入一道窄门，数年如一日地对着目标冲锋，在有涯的人生中追求专注的、无涯的、极致的、最高的职业境界。

对好的、正确的、美的事物无极限地追求，这就是所谓的职人本分。把眼下的工作做到极致，该来的一切都自然会来，这就是我们所崇尚的职人精神！

目录

CONTENTS

忽略的细节和片段，恰恰蕴藏着让人难以置信的力量和价值。

职人深信他们能够发现这种力量，收获这种价值，因此对待工作往往本分敬业，他们安于当下，而不会好高骛远、飘忽不定，他们致力追求每一个工作细节和片段之美。把当下的工作做到极致，下一步的美好自然会呈现出来。

寿司之神小野二郎说：“我一直重复同样的事情以求精进，总是向往能够有所进步，我继续向上，努力达到巅峰，但没人知道巅峰在哪。即使到我这年纪，工作了数十年，我依然不认为自己已臻至善，但我每天仍然感到欣喜。我爱自己的工作，并将一生投身其中。”

不断精进，追求至善，专业度会日渐提升，受雇力会越来越强，价值会越来越高，越来越难以被替代。

45岁时，李宗盛从台湾移居上海，租下一间小厂房，开创了自己的品牌“李吉他”。这个过程中，李宗盛感触最深的是：所有精工制作的物件，最珍贵、最不能替代的，就只有一个字——“人”，人有情怀、有信念、有态度。

职人视工作品质为生命，职人心性的磨练，即是对情怀、信念和态度的磨砺，使之融入工作和血液中。

职人，对待工作和作品，有一种宗教般的仪式感。就像日本的锻刀职人，哪怕面对熊熊燃烧的熔炉，也会一丝不苟地穿戴整齐，保持仪容。在他们心里，锻刀车间里供奉着神。

这当然不是一种迷信，而是职人的一种信仰——职人在工作时，要将自己的“心意”和“魂魄”注入作品之中，这正是所谓的“敬畏入魂”。

第一章

不忘初心：一种与生俱来的工匠般固执

日本职人习惯视职业为“神业”，尤其是从事代代传承祖业的职人，更是将事业作为先祖神灵的托福，在他们眼里，工作场所就是“道场”，职场就是“神棚”，他们认为“人在做，神在看”。

“职人精神”在日语中又叫作“职人气质”，指的是不懈精进技艺，高度自信，不为利益所动，不受外界干扰，耐得住寂寞，不惜时间，精工细作，在质量问题上从不妥协，与自己的工作彼此造就。

1. 令人肃然起敬的职人气质

先看几个场景：

第一，乌克兰第聂伯河畔的一个兵工厂车间里，一家祖孙三代，白发苍苍的祖父——75 岁的弗拉季斯拉夫·格里戈洛维奇，两鬓斑白的父亲——51 岁的塞黑·格里戈洛维奇，身穿蓝色工匠服装的孙子——奥利克山德尔·格里戈洛维奇，在同台竞技，各自专注地打磨手中的物件。

（解读：乌克兰是世界级军工技术大国，拥有 3000 多家军工企业，300 万名职工，产品涵盖了海陆空天电各个领域。我国首艘航母“辽宁号”“野牛”级大型气垫登陆艇、大型军舰的心脏——重型燃气轮机都出自乌克兰。）

第二，瑞士汝拉山谷，这里是瑞士钟表业的圣地。随便走进此地一家钟表作坊，你会发现，入眼的不是无所事事的工人，耳畔也没有机器的隆隆轰鸣。看似简易的作坊中，有的只是一个又一个戴着眼镜、专心致志地对钟表零件进行打磨的学徒和老师傅。瑞士手工钟表内部的零件高达一万多个，每个都需要精心打磨。钟表在制作工程中，容不得一丝误差，一旦出现，必须销毁。

（解读：瑞士汝拉山谷已经形成一个钟表制造生态。在当今世界级豪表中，爱彼、宝珀、宝玑以及江诗丹顿等都在此地设有工厂，超过一半的豪表机芯出产于此。）

第三，日本埼玉县一家不起眼的街道工厂，规模很小，仅有 14 个人。走进这家工厂，你能看到其中的匠人，或满面风霜，或木讷敦厚，或瘦小干瘪，没有哪一个光彩照人，也没有想象中的风采卓然。

（解读：这家工厂掌握着全世界唯一一项独门绝技——他们生产的钛制骰子，重心恰好位于正六面体的中心点，精确度高达99.999999%。这种高精度的骰子，并不是出于机器，而是工匠们凭着精湛的金属切削技术手工做成的。）

第四，日本东池袋有一家“大胜轩”面馆，代表着日本拉面最高水准，它的创始人山岸一雄在临终前陷入昏迷状态时，友人前来探视，隐约中能感知到山岸一雄嘴里呢喃的竟然是“欢迎光临”，友人离去，他说“欢迎下次再来”。

山岸一雄60多年如一日在拉面馆里制作拉面，笑脸欢迎八方客，直到生命的最后时刻，他的心仍在拉面馆里。

（解读：山岸一雄是一个幸福的“拉面职人”，他的徒弟、徒孙有300多名，将“大胜轩”拉面馆开到了日本各地。2013年，真实反映山岸一雄和“大胜轩”拉面馆发展历程的纪录片《比拉面更重要的——东池袋“大胜轩”50年的秘密》一经播出，就感动了无数日本人，也让外部世界了解了山岸一雄身上所反映出的日本式“工匠之技”“职人精神”和“职人气质”。）

职人，是日语中的一个称谓，用来形容具有精湛技艺的手工艺者，以往是手工业者的专称。如今，职人的外延已经大大扩展，所有领域中精通某一技能的人都可以被称为职人，比如，“寿司职人”“拉面职人”等。

日本的职人精神也不仅仅限于职人行业，而发展为一种适用于整个社会的“泛职人文化”，职人不再仅仅局限于手艺人，比如，在日本媒体报道中经常出现的“政策职人”“管理职人”“科研职人”“教育职人”“相扑职人”等名词，即是对各行各业的精英及做出突出贡献人士的一种形容和尊称。

在日本，职人是一个让人肃然起敬的称谓，一些为本行业做出特殊贡献的职人，甚至还能得到政府“人间国宝”的认定。

职人身上，会自然流露出一种强烈的职人气质。

在日文维基百科上，“职人气质”的定义是：追求自己手艺的进步，并对此保持自信，不因金钱和时间的制约扭曲自己的意志或做出妥协，只做让自己认可的工作。一旦接手工作，就算完全弃利益于不顾，他们也要使出浑身解数去完成。

在日语中，有两个专有名词，专门用来形容职人气质：

第一个是“**一生悬命**”。

在日本街头，广告招牌上、店铺规章中、食品包装上、旅游地图上，“一生悬命”的字眼，随处可见。所谓“一生悬命”，就是对工作玩命一般去干，这种玩命，不是短暂的，也不是某个周期内的，而是一生一世。

一生只专注做一件事，为了一件事而付出一生的努力与拼命。这就是日本的职人文化，是日本职人最纯粹的价值观。

乌克兰“军工职人”的代代相传，瑞士“钟表职人”的一丝不苟，日本“工业职人”“拉面职人”的精益求精、追求极致，都是对“一生悬命”的最佳诠释。

第二个是“**一筋**”。

“一筋”同中文里的“一根筋”意思类似，不过剔除了贬义成分，即专注于一道、一艺、一职，从一而终，决不变心。

“拉面职人”山岸一雄，一生专注钻研制作拉面60多年，从不为利益所动，也不受外界干扰，长年如一日，耐得住寂寞，精工细作，在质量问题上决不含糊，一心一意精进产品。

“大胜轩”拉面的材料、面的用量、高汤的原料、煮面的火候，无不执行最严格的标准，不多不少，不增不减，口味始终如一。不因客人多就缩短煮面的时间，不因原材料涨价就减少食材的使用，以不变应万变，这就是“拉面职人”的“一筋”气质。

2. 视职业为神业

“匠”，会意字，意为匚（fāng，盛放工具的筐器）中放着斤（斧），通俗来讲即工具筐里放着斧头等工具，表示从事木工。

《说文解字》中便有“匠，木工也”的观点，多引申为从事手艺活的职业。

数千年后，“匠”字的含义有了新的延展。

在国内，“匠”从社会底层、僻远的角落被拾遗出来，冠以“情怀”的光环，成为一个时兴的概念，频频出现在各种媒体报道中，冲击着人们的眼球。

在隔海相望的日本，“匠”字则深深植根于“职人”文化之中，成为一种体制、一种信仰、一种传承，乃至整个国家的根基与柱石，沿传至今。

从镰仓时代“职人歌合”中的吟咏，到江户时代“视本职工作为神业”的虔敬，直至今天“日本精益制造”的繁盛，其中传承的职人理念和匠心精神，从未改变。

职人，在日语中，也是手艺人的意思。他们将技艺视为安身立命之根本，一生沉浸其中，目不斜视。

一名弟子、一名学徒、一名新员工，被师傅以“职人”相称时，方被认可，算得上是登堂入室。

传统的日本职人，崇尚一生专注做一事，即专注于一道、一艺、一职，从一而终。

这就是日本的职人文化，是日本职人最纯粹的价值观，也就是所谓的“一生悬命”。一生只专注做一件事，为了一件事而付出一生的努力。

一生悬命的精妙之处在“悬”字之上，它隐含着一种割舍不下的牵挂、一种如履薄冰的谨慎、一种日渐精进的警示。就如“寿司之神”小野二郎的感悟：“一旦你决定好职业，你必须全身心投入工作，你必须爱你的工作，千万不要有怨言，你必须穷尽一生磨练技能。”

小野二郎是全球年龄最大的米其林三星大厨，做了70余年的寿司，每年只休息一天，即使年近90岁高龄，他仍不打算退休。虽然他的面容禁不住漫长岁月的洗礼，已然苍老，但他的那双手依然灵巧，充满活力，这是他70多年功力留下的痕迹，手功已经出神入化，他说：“事实上寿司交到我手上时，已经完成九成五。”据了解，不做寿司时，他会一直戴着手套，用来保护他那双神一般的双手，这是他赖以安身立命的根本。

日本人喜欢用“神”字来加冕行业中的王者，如“寿司之神——小野二郎”“经营之神——稻盛和夫”“销售之神——原一平”“拉面之神——山岸一雄”。

各路神人的出现，源自日本职人习惯视职业为“神业”，尤其是从事代代传承祖业的职人，更是将事业作为先祖神灵的托福，在他们眼里，工作场所就是“道场”，职场就是“神棚”，他们认为“人在做，神在看”。

“道场”和“神棚”，不是迷信，而是职人的职业信仰。

在日本电影《哪啊哪啊神去村》中，伐木也是一项需要传承的技艺和职业，在伐木之前，职人需要裸露身子先上山拜神，这不是迷信，而是保持对技艺和事业的高度虔诚，就像面对神灵一般，以十二分的虔诚和十足的敬畏态度来面对所从事的职业。

在这种态度下，职人不再以高低贵贱作为职业的评判标准，而是专心于自己所从事职业和技艺的精进与提升。

正是由于这种职人文化的传承和熏陶，职人在日本颇受尊重，司马辽太郎在《日本的原型》里就写道：“日本保存了世界上少有的尊重职人的文化。”

视职业为神业不是日本职人的专利，在西方的清教徒看来，上帝赐予了人们两项神圣的使命——

第一，是总的职业，即人们通过为上帝效力来拯救自己的灵魂；

第二，是每个人所从事的具体职业，也就是上帝所赐予的“神业”。

在清教徒看来，失业者、无业者要进地狱，只有在“神业”中获得成功的人才能成为上帝的选民，进入天堂。正因为如此，清教徒主张每天要认真投入工作12小时以上，对工作保持虔诚和敬畏，以取得“神业”的成功。

比如，对于德国人而言，工作不仅是实现美好生活的手段，还是一种天职。著名社会学家马克斯·韦伯在《新教伦理与资本主义精神》一书中分析道，资本主义的兴起受到某种新教伦理的影响。其核心思想就是视工作为“天职”，以“职业”为生活重心。

如果说中国是一个人情社会，德国就是一个工作社会。为了得到更好更稳定的工作，德国人往往会做出很大的牺牲和取舍，不停地搬家、推迟结婚、不要孩子、摆脱已有的社会关系网，等等。

实际上，任何人做任何工作都有四个“业”，分别对应的是四种职业境界——

第一种：混业。

混业是敬业的对立面，混业的表现就是在工作中混日子，对他们来说，工作就是“做一天和尚撞一天钟”，得过且过。

混日子最大的受害者其实不是别人，而是自己。

奇虎360董事长周鸿祎在一篇文章中写道：“混日子实际上是混自己，老板损失一小点年薪事小，你损失青春年华事大。”

如果你混日子，对不起，实际上你是在混自己，在很多大公司混的很多，你能黑老板多少钱吗？你混日子，就是日子混你，自己才是最大的输家。在公司混日子，总有一天，你会混不下去的。

第二种：职业。

将工作视为职业，付出劳动，获得薪水。他们能达到起码的任职要求，履行岗位所赋予的职责，完成老板、上级所交办的任务。

这类员工中规中矩，既不会让老板太失望，也制造不出大惊喜。没有过于长远的职业追求和职业规划，“做一天和尚撞一天钟”，是他们的真实写照。

第三种：事业。

他们工作态度积极主动，善于学习，不断精进提升自己，对企业的忠诚度很高，能够成长为班组长，成为技术骨干，成为主管、经理、高管，成为老板的心腹或左臂右膀，成为企业的中坚力量，是企业竞争力的核心构成部分，是企业的柱石。

第四种：神业。

他们（职人）将工作场所视为道场，将工作当作神业，在工作中，精进技能，修炼心性，探索人生。

在这种境界下，工作和事业上的成就，都成了副产品。

3. 追求卓越，工匠的自觉使命

职人，崇尚匠心，血管中流淌的是匠心思维和工匠精神。

奉行工匠精神的职人，有自觉的精工细作意识，他们对待工作的每个环节、每道工序、每个细节都会精心打磨、精益求精，以求专注、精确、极致，追求卓越。

借用财经学者吴晓波的观点，所谓工匠精神就是：

“做电饭煲的，你能不能让煮出来的米饭粒粒晶莹不粘锅；做吹风机的，你能不能让头发吹得干爽柔滑；做菜刀的，你能不能让每一个主妇手起刀落，轻松省力；做保温杯的，你能不能让每一个出行者在雪地中喝到一口热水；做马桶盖的，你能不能让所有的屁股都洁净似玉，如沐春风。”

工匠精神的对立面，是追求短期效益，是“短、平、快”的粗制滥造，是“差不多、或许吧、有可能、还凑合、糊弄过去就得了”的“混业”心态。

毫无疑问，相对于粗制滥造赚快钱的“混业”心理，坚守工匠精神，更苦更难，却是唯一正确的道路。需要静得下心、耐得住寂寞、坐得住冷板凳、下得了苦功夫，这是匠人自觉的使命。

《摩托车修理店的未来工作哲学》一书作者马修·克劳福德认为：“工匠精神”简单地说，就是自愿把事情做好，因为这代表一种荣誉，如果没能做好，就会感到憎恶和耻辱。

在伦敦市中心，有一条长300余米的萨维尔街，拿破仑三世、英国前首相丘吉尔、英国查尔斯王储等社会名流都曾穿过这里出品的国际定制服装。

数百年来，萨维尔街的裁缝践行追求极致、精益求精、力求完美的工匠精神，从未放弃对卓越的不懈追求，如今已成为世界男装领域令人高山仰止的工艺圣殿。

萨维尔街的裁缝为了追求卓越，将定制服装的品质从99%提高到99.99%，他们从不吝啬时间和付出精力，完成一套全定制服装，裁缝需要精密测量顾客身体的50余处细节部位，得出精确的身高、肌肉形状、体型等个性化数据。服装制作通常要经7人之手，需消耗50个小时，客人则需等待两三个月。

萨维尔街上有一家名为“韦尔什 & 杰弗里斯”的定制服装店，为丘吉尔量身定制过军装。该店的合伙人称，曾有年逾八旬的老顾客拿着20世纪50年代的定制西装回店里修补，这家店一直保存着所有顾客的定制信息，无论年代有多久远，他们甚至还修补过一件1932年出品的西装。

提供卓越的全定制服务（从量身、选布料到制版、试身和完工的一条龙服务），历来是萨维尔街高端定制服装商的精髓所在。

“只要拥有一种纯粹为了把事情做好而好好工作的欲望，我们每个人都是匠人。”美国著名社会学家理查德·桑内特在其新书《匠人》中如是说。

职人、工匠、匠心，早已走出了传统手工艺人的范畴，成为各个领域专业人士追求卓越和极致的代名词。

追求卓越、专心专注的职人精神和开拓进取的企业精神并不矛盾，两者相辅相成、缺一不可。致力让职人精神在企业和员工之间成为一种企业文化和个人追求的共同价值观，并由此培育出企业源源不断的内生动力，是企业在激烈的市场竞争中不二选择和制胜法宝。

当今社会缺乏的恰恰是具备自动自发去追求卓越、具备职人精神的员工。

据一项调查显示：

有5%的人，不是在工作，而是在制造矛盾，在破坏性地做事；

有10%的人，是等待着老板给安排事做；

有15%的人，是在“蛮做”“盲做”“胡做”；

有10%的人，是在徒劳无功地做，是负效劳动，对公司没有任何的实际贡献，只有苦劳，没有功劳；

有20%的人，是按照最低标准来做；

有38%的人，属于正常范围，但是绩效仍然不高，原因在于工作不到位；

只有2%的人是做事到位的，是在玩命工作，是在追求卓越。

大部分人甘于平庸的结果是，那些追求卓越的工匠型员工都被重用提拔了，因为他们太与众不同，太“鹤立鸡群”了，想不被老板注意都难。

奇虎360公司董事长周鸿祎说过这样一番话：

“一件事交给我，我应付一下，很容易应付，应付完了之后难道不觉得是在浪费生命吗？一件事你可以把它做到60分，你可以做得很轻松，做完了你每天重复，每天干三个小时活就完了，然后你天天上班没事，然后你回家三十亩地一头牛老婆孩子热炕头，但你怎么进步呢？

“因为我有不服输的性格，再普通的事我要做得比别人好，大家做得很普通，我要做得跟大家不一样，要做到超出大家想象，要花很多时间，很多努力，但我最后发现我的收获是最大的，因为我下了功夫，你的收获和你的投入是成正比的。”

这个社会上大多数人是普通人，少数让人羡慕的大拿、大咖、大牛、名人、明星，相对于普通人，他们在某些领域、某些地域、某些单位具有一定的权威度、知名度和影响力，他们的身价通常也远远高于普通人。

造成这种区别的关键在于，顶尖人士（职人）和普通人在做事风格上的天差地别——当普通人应付工作时，他们以高度的责任心去工作；当普通人浅尝辄止时，他们认真钻研力求将工作做深做透；当普通人只是敷衍式的满足于“做了”时，他们却致力“做好”“做完美”；当普通人都注意表现试图让老板满意时，他们总能让老板出乎意料、超出老板的期望值……

顶尖人士对卓越的追求是永不停息、永无止境的。80多岁的小野二郎曾坦言：“即使到了我这个年纪，工作也还没有达到完美的程度。我会继续攀爬，试图爬到顶峰，但没人知道顶峰在哪里。”

如此反差，再加上日积月累的力量，普通人士和顶尖人士的界限就变得更加泾渭分明了。

4. 你越优秀，世界对你越苛刻

1988 年 12 月，泛美航空旗下一架波音飞机满载 200 名乘客从法兰克福飞往纽约，当飞至苏格兰洛克比上空时，由于飞机机舱内藏有炸弹，突然爆炸，飞机坠毁，客机上的所有乘客罹难。

空难过后，泛美航空的上座率一落千丈，即便公司进行了数次危机公关，仍未能挽回颓势。1991 年，显赫一时的泛美航空帝国轰然倒塌。

如果泛美航空只是一家名不见经传的小公司，空难的影响或许不会如此严重，就算伤筋动骨，也不至于彻底没落，因为公众对一家小企业的期待本就没有那么高。而事实是，泛美有很深的历史渊源，是二战前首家飞越大西洋横跨五大洲的公司，是美国的标杆性航空公司。在美国航空史上，泛美的安全记录也是令人艳羡的。

因为过于完美，所以公众无法容忍泛美航空的一点点错误，一点点瑕疵。

你越优秀，世界对你越苛刻。企业是如此，个体也不例外。

一个庸人，即使犯了千百次错误，很轻易就能得到原谅。一个精英，哪怕只是偶尔有一次闪失，就会被苛责一生。

只因为，世界对庸人与精英的期待是不同的。

对庸人，人们本就没有怀抱什么期望，能做到固然好，做不到也是预料之中；对精英，大家却怀抱着极高的期待，能做到是必须的，做好则是理所当然的，做不到，或者做不好，则是不可原谅的。

针对不同的人，判别得失成败的标准也不同，这很正常，无可厚非。

假如我们觉得世界对我们太苛刻，那么，实际上，这也反衬了我们的优秀。

优秀的定义是什么？见仁见智。但不可否认的是，每一个职人都是优秀的，因为，职人的精神就是精益求精，永不停息对卓越的追求。

职人，永远都走在追求极致、追求卓越的道路上，无时无刻不希望把自己的“作品”雕琢得更完美、更优秀。

职人，意味着超出一般水准的敬业；

职人，意味着每项工作都认真对待；

职人，意味着始终如一的卓越表现。

因此，每一个人，在成为职人的那一刻，就成了优秀与卓越的代名词，便开始接受外界的“苛责”，对于优秀的职人而言，外界甚至容不得你哪怕是一次有失水准的表现。

在2016年北京国家会议中心举办的国际设计体验大会上，百度用户体验总监刘超火了，他的广为人知是由于其在会上表现出的“低水准、恶俗趣味”——PPT有失水准、演讲内容缺乏亮点和深度、时常跑题、口语化严重、引用各种低俗的段子、粗暴插入各种硬广告等。

这种表现使得刘超在台上分享时，遭遇了前所未有的尴尬，现场甚至有观众冲动地对他喊道：“你太low（低级、低水平）了，下去吧！”

这件事在网络力量的推波助澜下，迅速发酵，引爆了知乎和朋友圈刷屏，在“知乎”网站上一条“如何评价百度大UE总监刘超在2016国际体验设计大会的演讲”的问答中，更是引发上万人关注。

这件事还没完，不久后，百度HR在内网上发帖称：“各位百度同学，公司对此次事件高度重视，经过我们和职业道德建设部及公关部对刘超参与外部演讲的不当言论和内外部影响的联合调查，刘超未事先向公司报备参会信息，同时其行为及演讲内容给公司品牌和声誉造成严重影响，并给百度同学造成严重伤害。公司认定刘超不再具备担任总监岗位的资格，决定将刘超从百度管理团队除名。”

事态的严重超出了刘超的想象，他的这番经历正应了“你越优秀，世界对你越苛刻”，就刘超会议上的表现而言，受众对之原本持有一个较高的期望，这种期望是基于——

第一，国家级的会议中心、世界级的大咖。如果事情是在二三线城市的会议或者二三流的互联网创业营，倒也不会引起这般吐槽。但刘超恰恰是在国家级的会议场所、全部由专业人员参会的场合，做出如此 low 的表现。

第二，顶尖科技公司百度。刘超上台代表的不是个人，而是国内顶尖的互联网公司百度，相对于百度的名头，其表现当然有失水准，难免会引起百度高层的震怒。

刘超刚上台，就是一句“我就分享这个如何呢成为一个脱颖而出的这个就是用户体验的这个人才”。之后的演讲也有大量的“这个、然后、就是、哈（一声）、哈（三声）、哈（四声）”这样的词，显得极不专业。

第三，用户体验总监的身份。刘超作为用户体验总监，在产品界面、设计上理所当然应该是专业的、是有品位的，但其制作的 PPT 实在入不得专业人士的法眼。更何况，同台对垒的，还有微软美国总部首席设计官兼副总裁 Michael Gough、Uber 美国总部全球产品设计总监 Ethan Eismann、Frog Design 创意总监 Franco Papeschi 的 PPT 和内容分享，没有对比，就没有伤害，一经对比，高下立判。

客观讲，刘超真的就那么“low”吗？

其实，作为清华大学美术学院工业设计系毕业的高才生，刘超先后在诺基亚、宇龙酷派手机、中国移动和百度担任设计和用户体验方面的要职，是真正有“两把刷子”的，是优秀的职业人士，就那次会议而言，我更愿意相信他是发挥失常，或是没有做好充分准备。

但公众没有义务也没有耐心去探究背后的原因。恰恰相反，基于这种优秀，外界对其抱有的是始终如一的高期望值，是苛刻。期望越高，希望越大，当希望破灭时，失望也就越大。

外界习惯以超常规的标准来要求职人，一旦职人表现有失水准，便会招致人们的责难和非议。正是在“苛责”之下，要求和期望不断提升，职人的表现和技艺自然也被要求达到高水准，起码要保持始终如一的水准，否则就会让人大失所望。

正如微电影《匠心》中所说：“专注做样东西，不是坚持那么简单。你需要追求，需要突破，甚至还需要和自己较劲。因为你越优秀，世界对你越苛刻。你唯一能做的，就是钻研，去创新，去创造别人认为不可能的可能。这是一种前行的信念，更是一种工匠与生俱来的固执。”

每一名职人都是固执的，他们渴望将工作做到极致，而追求极致的过程就是一个自己和自己较劲的过程，永远行走在不满足于工作现状、追求个人精进的路上。

我想起了著名营销策划专家叶茂中的一句话：“在人生的某一阶段，对生命负责的态度就是玩命，你对自己残酷一点，世界就会对你好一点。”

你对自己残酷一些，别人就对你好一点，你对自己好一点，别人就对你残酷一些。

仔细揣摩一下，是不是这个道理?

5. 外界怎么变化，初心永不改变

日本禅者铃木俊隆的《禅者的初心》一书曾在美国引起轰动，乔布斯都深受它的影响，这本书让我们知道了什么是“初心”。其实早在两千多年前，释迦牟尼的《大方广佛华严经》中就有“不忘初心，方得始终”的提法。

我们有一个词语叫“初衷不改”，初衷与初心表达的即是同一个意思。

初心相当于理想、志向、目标、目的性、信念以及对生命的态度的总和，也就是佛说的初发心。

从某种意义上来讲，人活着就是信念，你内心深处相信什么，你的生活必将成为什么。而那个你内心最深处所相信的东西，就是你的初心，就是你的本心。

初心就是一个人对自己一直以来，或者说与生俱来的期许——我要成为怎样的人，我期待怎样的世界？

初心往往纯洁、热烈、美好，充满正念，它是人生起点的希冀与梦想，是事业开端的承诺与信念，是迷途困挫中的责任与担当，也是铅华尽染时的恪守与坚持。初心表现在向真、向善、向美的追寻中，存在于升迁进退的守候里。

初心正确与否，会决定一个人的人生轨迹与命运结局。初心正确了，实现的过程也并非一帆风顺，中途会遭遇各种障碍、荆棘与磨难，每及此时，就需要保持初心，拿出一往无前、不畏艰难的勇气，任凭外界如何变化，初心永不改变。乔布斯就是如此，虽然命运大起大落，但他因为内心的坚强，初心不改。

在这个“求利益、轻信仰，求效率、轻品质，求表外、轻灵魂，求短益、轻长远”的浮躁时代，职人精神更显得弥足珍贵，职人的初心尤其值得坚守。什么是职人的初心呢？

职人的初心是匠心、是细心、是耐心、是恒心，更是专心。

一个真正的职人，不仅需要对本职工作有着超乎寻常的忠诚与热爱，更需要耐得住寂寞，沉得下心性。

打出“耐心＋专注＋专业＋敬业”这套组合拳，怀着把每一件事情做好的初心，对技能千锤百炼，对工作充满虔诚，这才是匠人的坚守。

秋山利辉先生在27岁时创办了“秋山木工”，做定制家具，如今它已成长为日本最著名的家具品牌，日本宫内厅、迎宾馆、国会议事堂、知名大饭店等，都在使用他们精良制作的家具。

为了培养出理想的工匠，秋山利辉创办了一所秋山学校，学员的学费全免，不过学制却长达八年之久。

在这个社交网络大行其道的时代，秋山学校的年轻人却被禁止使用手机，禁止谈恋爱，无论男女都要留寸头，每天早起坚持跑步，同外界只能书信联络，每天要背诵并践行匠人须知30条，过着苦行僧般的生活。

而作为师父秋山利辉，不管吃饭还是跑步、打扫厕所，都与学徒一起践行以上法则。

秋山利辉在其书中提到，学习的8年期间，学徒们要完成成为一名顶尖匠人的心理建设，培养正确的工作、生活态度，进行基本训练，掌握好工作规划、知识和技术等，具备一名合格工匠所需要的一切。

秋山利辉这样寄语在秋山学校求学的年轻人：“只要平时不忘反复练习基本功、不忘初心，肯定能不断进步。趁年轻时流汗学会的东西，将成为一生的财富。”

秋山利辉说：“我希望通过八年的研修、学习，他们能成为让这个世界感动的、有修为的匠人。这八年的时间，前面五年是全力以赴的，也是非常艰苦的修行过程，后面三年是匠人的生活，通过这八年的研修，他们无论到世界上任何一个地方、任何一个领域都能应付自如。”

长达八年不忘初心的坚持，是学习的过程，也是蜕变升华的历程，对此，秋山利辉引用了《一代宗师》里的一句话：“见自我、然后见天地、最后见众生。”

“青灯黄卷苦读，热血挚情坚韧”，秋山学校的年轻人，通过八年持之以恒的坚持，通过八年苦行僧般的修行，不论外界多喧嚣，他们初心不动摇，方才成为日本最好的匠人，掌握了赖以安身立命的本领。

“骐骥一跃，不能十步；驽马十驾，功在不舍。锲而舍之，朽木不折；锲而不舍，金石可镂。蚓无爪牙之利，筋骨之强，上食埃土，下饮黄泉，用心一也。”《劝学》早已经告诫我们“锲而不舍”之难能可贵。

或许你无法言明初心，但整个世界都能看到你的用心。

当世界喧嚣时，执着初心；当世界无声时，静待曙光。这就是职人。

每一个职人都是专注的，因为专注，所以坚持。但仅仅坚持还不够，职人还需要不断钻研、不断突破、不断在失败与成功的转角，精益求精。

职人穷极一生，不断磨练自己的技能，保持的不过是一颗“为了把事情做好而把事情做好”的初心。

在这个快节奏凡事追求速成的时代，我们要谨记：始终如一的坚持职人初心，长时间如一日专心致志地做好一件工作，才是个人立根之本，才是公司之大运、国之大幸。

6. 修炼职人气质，摒弃墨守成规的匠气

日本熊本县有一家名叫“Kawazoe”的餐厅，推出一款“日本最贵的烤牛肉”，他们竟然直接在菜单主页上这样注明——“拒绝年收入2000万日元以下者享用”。

谈及这样做的原因，餐厅主厨称，低收入穷人的舌头早已被各种化学调味品和食品添加剂麻痹，无法品尝出职人用匠心精心打磨的产品，而且他们更倾向于仅凭价格来衡量食品的价值，无视职人的热情。

不可否认这种做法有炒作之嫌，但也恰恰让我们见识了日本职人的姿态、职人的气质。

无独有偶。在日本北海道，有家三余庵旅馆，所有客房均以日本知名小说家的代表作来命名，如夏目漱石的《草枕》、川端康成的《雪国》、林芙美子的《浮云》等；客房内采用的是松木地板、琉球榻榻米、职人手工制作的木椅，再配以柔和的灯光，打开百叶窗，远眺连绵不断的日高山脉，“则有心旷神怡，宠辱皆忘，把酒临风，其喜洋洋者矣”；旅馆所有设施、物件背后都刻有打造它们的职人姓名；旅馆提供的餐食，会特别标明原材料的产地、种植人，包括菜品的烹制方式，也都公之于众……

三余庵旅馆以其无可挑剔的空间设计、服务、餐饮，让顾客无时无刻不能体会其真心、用心，这或许就是职人气质所凝聚的旅馆服务。

“职人精神”在日语中又叫作“职人气质”，指的是不懈精进技艺，高度自信，不为利益所动，不受外界干扰，耐得住寂寞，不惜时间，精工细作，

在质量问题上从不妥协，同自己的工作相互完成，彼此造就。

职人气质，直译成中文就是“匠气”，但在我们的中文语境里包含有视野狭窄、粗俗鄙陋、缺乏大局观等贬义。对于真正意义上的职人来说，这样评价简直是毁灭性的，也是有失偏颇的。

职人气质，是一种时代精神，是一种令人肃然起敬的气质，是一种值得永远传承的文化符号。如何修炼职人气质？

第一，专注。

每一个职人背后都有一个属于自己的故事，每一个故事中都有着一种相同的执着，这种执着，叫作专注。

瑞士是世界钟表之都，斯沃琪、劳力士、旺多姆等钟表品牌享誉世界。在任意一家瑞士普通钟表作坊，人们会发现，入眼的不是无所事事的工人，耳畔也没有机器的隆隆轰鸣，简易的作坊中，有的只是一个又一个、戴着眼镜、专心致志地对钟表零件进行打磨的学徒和老师傅。

一块瑞士手工钟表，内部零件有一万多个，这一万多个零件，每一个都需要精心打磨，制作工程中，不允许一丝误差的出现，一旦出现，必须销毁。

正是凭着这份执着与专注，尽管瑞士钟表每年的产量都差强人意，但依旧“火”遍全球。

瑞士的钟表职人，每一个都默默无闻，看起来是和我们一样的普通人，也是在为别人工作，但态度不一样，因为他们心中有着一颗匠心，他们平凡的人生也绽放出了伟大的华彩，那一块块行销世界的瑞士钟表，本身就是他们专注的注脚。

第二，精益求精。

《论语·学而》有云：“《诗》云：‘如切如磋，如琢如磨。’‘其斯之谓与’”？

宋朝著名思想家、哲学家朱熹批注说：“言治骨角者，既切之而复磋之；治玉石者，既琢之而复磨之，治之已精，而益求其精也。”

当今世界，将精益求精的精神诠释得最彻底的是日本。

在日本，匠人和职人是一种尊称，若非在整个行业中出类拔萃的人，是没有资格得到匠人这个称呼的。

而中国职人在践行精益求精的职人特质上，同样当仁不让。

曾经，曹祥云只是格力电器公司一名不起眼的搬运工。

做普通工人，他比别人都卖力，有“好心”的工友不解，就指点他：“这么累的活，何必那么较真，能混过去就行了！”

曹祥云反驳道：“做人也累，难道能混得过去吗？”工友无言。

2003年，对简单搬运工作都精益求精的曹祥云，迎来了人生的转折点，他被推荐去学习开叉车，属技术工种，要求极高。

起初，曹祥云表现得不尽如人意，但他不甘落后，每次作业完毕，别人都休息了，他仍留在车上不肯离去，反复练习起步、升降、停车……

经过一年的持续练习、精进，笨重的叉车在曹祥云的手里变得就像绣花针一样灵巧，年底，在综合考核中，他的准确率全厂排名第一。

在全厂40多名叉车工中，他的准确率高居第一，曹祥云并不满足于此，仍在致力提高叉车操作的精准度。

一次，他跟工友一起喝酒，却找不到开啤酒瓶盖的工具，一位工友开玩笑道：“你不是挺牛吗？干脆开叉车来开瓶盖吧！”

谁知，第二天到了厂里，曹祥云果然买来几箱啤酒，得空就练习用叉车开瓶盖，直到能够准确无误、完好无损地用叉车将酒瓶盖打开。

2005年9月，曹祥云受邀参加央视《想挑战吗》节目，在吉尼斯世界纪录工作人员的监督下，他驾驶叉车在3分钟内成功打开了30个啤酒瓶盖，创下了新的吉尼斯世界纪录。

当他载誉而归时，不仅格力公司给予了他5000元重奖，珠海市政府还授予了曹祥云更高的荣誉——“珠海十佳优秀员工”奖。

在曹祥云身上，我们看到了中国职人的优秀特质：为了将工作做好做透，不断琢磨、实践、精进、突破，精益求精，力求尽善尽美。

或许，我们不是下一个曹祥云，但在竞争激烈的职场上，每多一份对工作的专注，多一份对本职工作的精益求精，当机会来临时，我们被选中的概率就会多一分。

第三，谦恭自省。

职人都是单纯的，因为将所有的心思都放在了对工作和产品的雕琢上，所以，他们或许并不擅长交际，或许在其他方面都表现得比较木讷，但每一个职人，都是谦恭的。

博多人形会馆是日本一家很不起眼的人形会馆，馆主宗田就是一个纯粹的职人。曾经，凭着精湛的技艺，他的作品得到过天皇的赏识，但对此，他并不在意，反而，反反复复地描述他为许多普通民众、为宗教活动制作神像的细节和趣事。

的确，面对竞争，有的时候，我们必须当仁不让，但山外有山、人外有人，当我们为一点成就沾沾自喜的时候，世界或许已经将我们抛弃，所以，人总是要保持一份谦恭，无论做过什么，成绩只代表过去，就像所有的职人那样。

第四，不断创新。

坚守职人精神，并不代表着要因循守旧，事实上，职人精神本身就是一种极致的创新精神。对工作的每一次雕琢、每一次改变、每一次升华，都是一种创新。

“防松螺母之父”若林克彦几十年如一日，一直都在对螺母进行研究，从1961年的初代“U螺母”，到现在占领了一多半国际市场的“Hard Lock螺母”，哈德洛克工业株式会社的螺母已经经历了数次更新换代。而每一次的更新，都意味着防松螺母的一次蜕变与成长。

正是因为几十年如一日的不断创新，不断精益求精，专注如一，一以贯之，所以，哈德洛克防松螺母才成就了螺母界别人无法复制的奇迹。

第五，敬畏，入魂。

在职人的眼中，产品不是死的，而是活的，是有灵气、有生命、有魂魄的。

川崎是日本一位锻刀师，在他看来，日本刀都是有魂的，所以，每一次锻刀，虽然身处近乎完全封闭的锻造室，尽管身边烈焰熊熊、高温难耐，但他依旧保持着衣衫整洁，态度也异常严肃端正。在他眼中，锻造就是一种修行，锻造中不入魂、缺失敬畏之心，本就是对自己的一种亵渎。

不同的态度，铸就不同的人生，用职人的眼光看工作，和用打工者的眼光看工作，看到的会是两种截然不同的风景。像职人一般，为了做好而做好，和像打工者一样，为了报酬而工作，工作状态和人生成就自然迥异。

职人有职心，职心铸职人，职人精神，本就应该是所有职业人士应该秉承的气质与器量。

第二章

本分敬业：把眼下的工作做到极致

工作是由每一个当下的片段和细节构成的，就是这些容易让人忽略的细节和片段，恰恰蕴藏着让人难以置信的力量和价值。

职人深信他们能够发现这种力量，收获这种价值，因此对待工作往往本分敬业，他们安于当下，而不会好高骛远、飘忽不定，他们致力追求每一个工作细节和片段之美。把当下的工作做到极致，下一步的美好自然会呈现出来。

1. 本分：职人的基本要求

在《中国需要工业精神》一书中，汪中求先生对日本的职场用词进行了详细统计，统计的结果令人惊讶。

在日本职场，使用频率最高的一个词不是创新，不是晋升，不是加薪，不是执行力，不是奉献，而是本分。

本，是基本、根本、本来；分，是安分。本分就是踏踏实实地把自己的本职工作做好，不好高骛远，不异想天开。

本分，从某种程度上来说，代表的不仅是一种工作态度，还是一种人生态度。

在日本，本分是根植于社会血液中、渗透到骨子里的，而这种骨子里的本分、匠心，恰恰正是商品拜物教时代，我们所缺乏的。

从1970年开始，梅原胜彦就致力研究一个小物件——弹簧夹头，这是运用到自动车床中的，用来夹住切削对象，以便在运转的同时开始切削。

梅原胜彦的公司名叫“A－one精密”，坐落在东京西郊，“A－one精密”创立于1970年，拳头产品是超硬弹簧夹头，在全球拥有高达60%的市场占有率，拥有1.3万家国外用户，2003年该公司在大阪证券交易所上市。创业后40余年间，虽然该公司历经石油危机、汇率震荡、泡沫破灭等逆境打击，但每年依然能保持超过35%的毛利率。2007年，公司创始人梅原胜彦获得了之前都是软银孙正义之类的大人物才能得到的日本企业家奖。

但谁能相信，这样一家公司，竟然包括老板在内只有13名员工。

“装修奢侈的总经理办公室从来不会带来高利润，整日坐在装修奢侈的办公室里的人不配做总经理。”这是梅原胜彦的观点，他的人生格言是：要做就做第一。

曾有人去 A - one 精密公司访问学习。有位大企业的领导说：“我想知道你们的成品检测在哪里?”得到的答案是：“我们完全没有时间做这些。”对方依然不肯罢休，继续问道：“我不相信，你们肯定做过的，可否让我也参观一下。”最后他才知道，日本确实有很多公司都没有成品检测这一步。

对于一个始终遵从自己内心的职人来说，从自己手上生产出来的产品都是呕心沥血之作。质量是底线，也是生命线，质量不过关，对职人来说就是对生命的亵渎。这种出自职人的本分，由最纯粹的产品观、质量观、价值观而造就的优质，与因外部监管而带来的优质是全然不同的。

日本职人有一句格言：“别人花十分的精力把一件东西做好，我们要花十二分的精力把一件东西做精。”

不难发现，所谓“职人精神”，是一种心无旁骛、坚定踏实、精益求精的追求。在日本，考核职人成就的标准，不是金钱收入的多寡，而是职人对出品工作质量的把控、是否赋予了它们血肉与灵气，是否具备将手头工作彻底做透的本分。

所谓“本分”也就是本职工作。只有做好了自己的事，才有资格品评别人做的事；只有尽到了应尽的责任，才有可能被赋予更多的责任；只有做好了分内的事，才有能力做分外的事。

“杂交水稻之父”袁隆平是中国职人的典型代表，他倾其一生，研究水稻高产技术，认真对待分内工作，是把看似简单的本职工作做成不简单的一个杰出人才。

20 世纪 60 年代初期，中国陷入了一片饥荒中。当时，袁隆平还在西南农校就读，人们挨饿的现实情景深深刺疼了袁隆平的心，于是他就下决心一定争取让所有的人不再挨饿。1953 年，从农校毕业的袁隆平，毅然从四川重庆来到了偏僻的湘西雪峰山旁的安江农校任教。在安江农校的 19 年时间里，袁隆平一方面任教，一方面从事农业实践和研究，积累了较多的生物学知识和农业生产实践经验，因此在以后的作物育种科研中，他才具有一定的发现问题、分析问题和解决问题的能力。

后来，袁隆平自己回忆道：“从1953年到1966年，我在农校一边教课，一边做育种研究，每年都去农田选种。从野外选出表现优异的植株，找回种子播种，看它第二年的表现，这样来筛选具有稳定遗传优异性状的品种，就是这样简单的操作，我一年又一年重复着，试图找出优秀的品种。”

功夫不负有心人。1962年，袁隆平在一块田里发现一株穗特别大的水稻，结实饱满、整齐一致。这个看似简单、普通的现象却给了袁隆平研究杂交水稻的灵感，使他在杂交水稻研究上取得了重大突破。

正所谓“吾生也有涯，而知也无涯”，职人心无旁骛地迈入了一道窄门，在有涯的人生中追求专注的、无涯的、极致的、最高的职业境界。对好的、正确的、美的事物无极限的追求，这就是所谓的职人本分。

史玉柱有一个观点：什么是人才？人才就是你交给他一件事他做成了，你又交给他一件事，他又做成了。

企业所渴求的优秀人才，无非是具备最起码的职业本分，无论身处何种岗位，都能做到执行有力，可在限定的时间内把事情做成、做好、做到锦上添花、做到极致的员工。

如此，足矣！

对待本分，需要辩证看待，忠于本分，做好分内事，并不是“两耳不闻窗外事”，故步自封，漠视一切，更非消极处事，自私自利。

2. 极致就是自己与自己较劲

2014 年，酷六网创始人李善友在一次演讲中提到——

“把眼前的事情做到极致，下一步的美好自然就会呈现。

“我不喜欢讲现象，喜欢挖下去，当我用力到极致的时候，新的窗口就会打开。

“以前，我认为自己很躁狂抑郁，后来看到一本书叫作《躁狂抑郁多才俊》，是一本深入探讨躁狂抑郁与创造力两者之间关系的著作，突然，我一下子自信了，原来躁狂抑郁多才俊啊，哈哈！”

李善友所言的“狂躁抑郁”，其实是优秀人士同自己较劲、追求极致的一种特质，英特尔公司前董事长安迪・格罗夫有一个广为人知的观点——只有偏执狂才能生存。事实上，优秀的职人都是“偏执狂”，天生自带一股偏执，他们喜欢和自己较劲，在不断地苛求、推翻与颠覆中，获得提升，得以重生。

将眼下的事情做到极致，下一步自然就来了。专注将一件事情做好，做到极致，成功自然会与我们不期而遇。

我们常说“三百六十行，行行出状元”，而在日本，几乎每一个领域都有这种心无旁骛的钻研者，都有一心求索的职人，他们共同支撑起了日本独步全球的工艺水平和制造业水准。

穷极一生去钻研一种技艺，将它做到极致，将自己的灵魂注入每一件作品中。日本幕府时代便有这种传统，它渐渐汇聚成了足以影响日本未来的职人文化、职人气质。

从本质上讲，每一个职人都是艺术家，都是偏执狂。因为他们追求极致的完美，追求精益求精，追求一种生命的圆融，所以，他们需要自由，需要尽情创造与发挥的空间。

这种境界，是一般“打工者”难以领略到的。

1986 年，摄影师出身的张艺谋被导演吴天明点将出任《老井》一片的男主角。没有任何表演经验的张艺谋在接到任务后，二话没说，就到农村去了。

为尽快进入角色，他剃光了头，穿上大腰裤，露出了光脊背，吃住在太行山下一个偏僻贫穷的山村。他每天都与老乡一起上山干活，一起下沟担水；为了使皮肤粗糙、黝黑，他每天中午都会光着膀子在烈日下暴晒；为了使双手变得粗糙，每次摄制组开会，他不坐板凳，而是学着农民的样子蹲在地上，用沙土揉搓手背；为了电影中的两个短镜头，他连打了两个月猪食槽子；为了影片中不足 1 分钟的背石镜头，张艺谋实实在在地背了两个月的石板，一天 3 块，每块 150 斤。

要么不做，要做就做到极致，做到最好，这就是张艺谋的职人精神。

在拍摄过程中，张艺谋为了达到逼真的视觉效果，真跌真打，主动找罪受。在拍“舍身护井”时，他真跳，摔得浑身酸痛；在拍“村落械斗”时，他真打，打得鼻青脸肿；更有甚者，在拍旺泉和巧英在井下那场戏时，为了找到垂死前那种奄奄一息的感觉，他硬是三天半滴水未沾、粒米未进，连滚带爬拍完了全部镜头。

导演吴天明这样评价张艺谋：“如果我们的专业演员都能下艺谋这样的苦功，我国银幕上虚假的表演不是可以大大减少吗？如果我们的电影创作者都能像艺谋那样全身心地扑到事业上，中国电影还愁赶不上世界先进水平吗?”

与张艺谋有过接触的人，都知道他是一个工作狂。一旦他去做一件事，一旦他去思考一件事，就可以不吃不睡连轴转，能够将全副身心投入到工作中去，做到极致和最好，又总是乐此不疲。

如今的张艺谋，早已功成名就，是国内一线著名导演。

把眼下的工作做到位，做到极致，成长、成功、成就也就会水到渠成，自然出现。

金无足赤，事无十全，自己与自己较劲，是一种执着，也是一种对完美的追逐。

职人，天生都是执着的，追求完美就是一种极致的表现，哪怕知道完美并不存在，99%已经是一种极限，却依旧矢志不移地追逐着理想中的100%，即便做不到，也要做到99.999999%。

一个职人的成长史从本质上来讲就是自己与自己不断较劲的过程，或许，在旁人眼中，他们已经做得足够好。但在他们自己眼中，只要没有达到100%，就依旧需要改进，需要提升，需要去升华。

龟甲万公司是日本一家古老的食品公司，距今已经有400多年的历史。400多年来，几经沧桑，龟甲万公司的主打产品却从来没有变过，那就是龟甲万酱油。

龟甲万公司源于日本千叶县野田地区，第一代创始人为野田县望族之子高梨兵左卫门，左卫门用野田优质的泉水酿造了初代龟甲万酱油，此后，酱油便成了龟甲万公司唯一的产品，哪怕是资产规模爆棚的今天，龟甲万公司也从没想过进行多元化生产。

“德为本，财为末，勿忘本末”一直都是高梨家族的家训，也是龟甲万公司的经营宗旨。

近代以来，龟甲万公司一直都在抵制化学合成的酱油，坚持生产纯手工酿造的酱油。与此同时，为了适应时代的发展和人们的生活习惯、饮食口味的变化，龟甲万公司也在不断对酱油的制作工艺和配方进行改进。

“酱油是龟甲万的名片，没有最好，只有更好，做企业、做产品，实际上就是自己在和自己较劲。”龟甲万公司当代继承者高梨一郎这样说。

德国人为了打造极致的产品，是这样跟自己较劲的——

法国、英国、德国、荷兰和西班牙等欧盟成员国曾联合研制一款大型客机，后被送至各成员国试飞。飞机到每一个国家，都会在机舱显著位置标明“精心保养”和“小心爱护”等提示字样。在这些国家的相关工作人员看来，只有反复强调安全的重要性，才能让乘客处处谨小慎微，将意外扼杀在摇篮中。

但是飞机到了德国，完全是另一番景象，那些提醒标语被撕得一干二净，每一个前来体验的乘客都可以竭尽所能地对飞机进行“破坏式”体验。比如，上厕所，怎么开门摔门，乃至拼命拍打和死命脚踹，都被允许；在座位上大幅度地左右前后摇晃，也被允许；对各种旋钮、开关或任何能扭动的部位，乘客都可以使出吃奶的力气去扭动；对于餐桌和抽水马桶等配套物品，更是爱怎么折腾就怎么折腾……

聪明的德国人知道，如此野蛮促销的体验，才能将飞机上的易损耗部位和缺陷暴露出来，从而予以改进修补，这样才能最大限度地精进产品质量，提高飞机飞行的安全系数。

雷军称："极致就是把自己逼疯，把别人死里逼。"你只有自己把自己往疯里逼，才能把别人逼死，自己才能获得巨大的满足感和满意感。

雷军的观念，被大僵创新融入企业文化之中，该公司高级副总裁王帆介绍："我们总在跟自己较劲，死抠细节，每一个产品尽全力做到99.9%的极致完美度。从90%到99%，和从60%到90%，其间的差距看起来越来越小，但需要投入大量的时间、人力、资金和技术成本在更多的细节上。大疆研发人员平均每天的下班时间是在晚上十一点以后，有时为了攻克一个技术难关，他们可以工作到凌晨三四点。"

大僵员工这般拼命，方造就了这家世界无人机领域的神级公司。

世界上从来都没有什么事情能够轻易成功，任何出类拔萃成就的取得无不是千锤百炼的结果，三天打鱼两天晒网、三心二意是行不通的。没有自己与自己较劲、永远不满足现状的进取心，没有钻牛角尖般的完美主义行为，不管做什么，都难有所成。

3. 敬业的最大受益者是自己

敬业，是职人精神的注脚。

日本是世界上顶级经济强国之一，日本经济实力的强大是与拥有大批一流跨国公司密不可分的，而在那些一流公司的背后，则是大量具备超强敬业精神、职人精神的员工。

我们随便截取几个日本员工工作的片段，便足以见证其让人充满敬意的敬业精神。

片段一：

高桥敷在《丑陋的日本人》中讲了一个故事：一个在秘鲁工作的日本人，妻子眼看就要生孩子了，于是家人打电话到他上班的地方，然而他没有多理会，继续手头的工作。他公司的上司和同事知道后，坚持要给他放假让他回去，他仍然不同意回去，后来他的上司只得命令他回去，他这才放下手头的工作，迅速赶回家里。

他把妻子送到医院后，又在第一时间返回了公司。他的同事很惊讶，问他为什么不在医院陪陪妻子，他回答："工作是第一位的，怎么能因为生孩子而耽误工作呢？"

片段二：

国内很多人都非常熟悉日本人的鞠躬，新闻和电视节目里也经常可以看到。日本人见了面，总是习惯相互鞠躬。据统计，在日本，一个百货店的电梯小姐，一天要向顾客鞠躬多达2000余次，可以说是世界上一天鞠躬最多的人了。而且，她会一丝不苟地严格按标准完成每一次鞠躬。

片段三：

石里梅岩是日本18世纪一位宗教大师。在他刚刚开始讲学的时候，由于名气有限，所以听众寥寥无几。一天晚上讲学，竟然只来了一个学生听课。

这个学生看到这种情形，对石里梅岩说："今晚别无听众，若劳您为我一个人讲解，实不敢当，因此，敬请先生今晚歇息。"

石里梅岩却说："当我开始讲解的时候，希望你只面朝讲台，这样若有一位听众，即满足矣！"

言毕，他开始了讲解。

他的听众渐渐多了起来，最终成为一代宗师。

片段四：

日本有一家银行，一天晚上加班核对账目，银行职员一起核算了很久，但最后入账和出账还是相差一分钱，怎么都对不上。因为账目没对上，大家都不能离开岗位。又过了好长时间，这一分钱的出入还是没对上。这时，一个女职员突然哇哇大哭起来。

原来，她家里的孩子还在等她回去喂奶，加了这么长时间的班，家里的孩子肯定饿哭了，想到这里，这位女职员就哭了起来。

日本员工的敬业精神让人动容。好像是专门训练出来的。

国内曾经做过一次"中国青年对日本的认识"的民意调查，其中对于"中国应该向日本学习什么"的问题，有88.5%的人回答是"学习日本的科学技术"；有88.3%的人回答是"学习日本的先进经营管理技术"；有89.5%的人回答是"学习日本人的敬业精神"。

我觉得首先应该学的是日本人的敬业精神。

国内也有"干一行爱一行"的说法，其实它所讲的也正是敬业精神。然而，国内一些员工，却正好相反，他们从来不知道敬业是什么，在工作中，他们糊弄公司、糊弄客户、糊弄自己。他们不把工作当一回事，心里总是想"反正混一口饭吃"，总在想"此处不留人，自有留人处"。

当你抱怨老板对你不够好，公司对你不够重视时，你不妨扪心自问一下，你是否也是在公司混日子，想想你每天都做了些什么，究竟糊弄了谁？

读过《致加西亚的信》的人就知道，其实忠诚和敬业并不仅仅是有利于公司和老板的，最大的受益者恰恰是敬业者本人。

敬业意味着对事业高度的责任心和对公司高度的忠诚感，这种特质一经塑造，会让你成为一个值得信赖的人，成为一个可以被委以重任的人，当老板、上司、同事、外部客户都信任你的时候，你的口碑得以建立，就永远不会失业，只会和幸运相伴。

谢英去海底捞工作之前，是一个普通的农村妇女。到2010年，36岁的谢英已经成长为海底捞北京分公司的一个区域经理，管理六家店，员工上千人。黄铁鹰称之为“是个被海底捞硬造出来的管理者”。

起初，谢英在海底捞做传菜员，后来又被安排做员工餐。别看她是家庭主妇出身，但是这种大分量的员工餐，谢英还是头一回做。结果做出来的米饭不是生就是糊，菜的口味大家也不喜欢。员工怨声载道，纷纷向领导反映情况。店长于是找谢英谈话，还下了最后通牒，称再做不好就要走人。

有了危机感，谢英开始认真琢磨如何把饭做好，半夜睡不着，还在思索怎样炒菜更好吃。

这一用心不得了，饭菜的口味确实变了，谢英保住了工作，留了下来，做了两年多的员工餐，后来又做前厅服务员。

突然有一天，海底捞总裁张勇让谢英做大堂经理，这下可把她吓坏了，心想自己一个做饭的，哪能当经理。

谢英说：“我后来也在想张总为什么提拔我。那时海底捞只有三四家店，张总经常来我们店里看。我的工作很单一，就是做员工餐。而员工餐做完后，我每天至少还主动帮忙做三四项工作，比如帮助厨师切菜，因为我做饭的地点也在餐厅厨房；我还帮着洗漏勺，帮服务员发毛巾，总之，凡是我能做的我都帮着做。本来我可以提早下班，因为做员工餐要早上班，但我每天都会多做几个小时。可能是张总经常到那个店，观察到了。”

谢英当上了经理，还做得很称职。谁能想到，这个曾经的农村妇女，如今的区域经理，不仅学会了开车，还在北京安家，把家人都接了过来。

这些转变，海底捞的“硬造”和张勇的慧眼识珠固然是一方面，但谢英的工作表现恐怕才是促成这种质变的根本所在。

多做一些，敬业一些，吃亏的不是自己，受益的也绝不仅仅是老板，当你不断通过自己积极主动的努力，给老板带去惊喜的时候，慧眼识珠的老板不会视而不见，在恰当的际遇，他们会给予你更大的惊喜。

4. 专注做点东西，对得起光阴岁月

“专注做点儿东西，至少对得起光阴岁月。”华语乐坛的传奇人物李宗盛在《致匠心》中这样说。

专注，对职人而言，是一种职业道德。

每一个职人，都是专注的。

雁过留声，人过留名，人这一辈子，平凡也好，显赫也好，总希望能留下些什么，让后人记住，让世界记住，职人更是如此。

专注，带给职人的，或许并不是成功的光环，也不是灯红酒绿的荣耀，而是默默地隐藏在某个僻静的角落，一心一意，雕琢着岁月，雕琢着自己，雕琢着事业，这才是职人的生活常态。

故宫博物院的“文物修复师”就是这样的职人。

日常，他们和普通人并无两样，一样的平凡，一样的市井，一样为了鸡毛蒜皮、家长里短在纠结，一样有儿女情长。但当他们开始工作时，那专注、心无旁骛的状态，让他们的生命在瞬间得到了升华。

“人这一辈子，总要顺从自己的心，专注做点儿什么，不求显达，只求对得起自己，对得起岁月。”古籍修复师王师傅这样说。

的确，人这一辈子，是需要“专注做点儿什么”。

柏拉图在《理想国》中提到，每个人做好自己应该做的事，就是最大的道德。身处不同的岗位，每个人肩负着不同的职责，分工有区别，职责无大小，再不起眼的职务也能起到非常大的作用。一以贯之、持之以恒地守住自

己的职业本分，做出业绩、做出亮点、做出特色，才是王道。

职人，从来都是专注的，因为专注，所以心无旁骛，因为心无旁骛，所以，只长于一技，也只有“一技之长”。

我们常常能见到一些职人，他们工作平凡，生活也很简单，除了本职工作，在其他方面表现得并不突出，甚至有些笨拙。但大拙若巧，大巧若拙，拙和巧从来都是相对的，拙的背后对应的恰恰是极致的巧。

因为专心一技，全身心地长期投入，所以，忽略了其他细枝末节，忽略了其他能力的培养，这本身就是一种可爱，譬如李安。他对自己是这样总结的：“我只会做导演，其他的都做不来。”这是一种大道至简的专注。

一个人一辈子，应该有些执念来支撑自己发展，只有这样才能够听从于内心的声音，专心致志地做出一些让自己一生无憾的事情。

麦当劳的创始人雷·克洛克最欣赏的格言是：“走你的路，世界上什么也代替不了坚忍不拔：才干代替不了，那些虽有才干但却一事无成者，我们见的多了；天资代替不了，天生聪颖而一无所获者几乎成了笑谈；教育也代替不了，受过教育的流浪汉在这个世界上比比皆是。唯有坚忍不拔，坚定信心，才能无往而不胜。”

坚忍不拔、专心专注是职人专注力的表现，也是职业成功的重要保障。专注就是集中精力做好一件事，长时间全力以赴，坚持不懈，不达目的决不罢休。

一个专注的人，才能够把自己的时间、精力和智慧凝聚到所要做的工作当中，从而最大限度地发挥积极性、主动性和创造性，出色地完成工作，实现自己的价值。哪怕是在遇到诱惑、遭受挫折时，仍不为所动、勇往直前，直至成功。

2015 年 9 月，在一次经济访谈中，阿里巴巴集团执行副总裁曾鸣表示：“在创意革命的新时代，企业需要重新定义，未来组织最需要的不是管理或激励，而是赋能。”

所谓赋能，是当下西方盛行的“积极心理学”中的一个名词，意思是通过环境的改变，例如一些言行、态度，给予人积极的能量的过程。

那么未来的组织应该如何向员工赋能？赋的又是什么能呢？

它不是八面玲珑、游刃有余的圆滑，不是投机取巧、总试图走捷径，不是眼高手低、总是这山望着那山高，而是十年磨一剑、兢兢业业、踏实认真地做好本职工作、循序钻研不断精进的能量与专注，也就是我们常说的工匠精神和职人精神。

2015 年 12 月 4 日，华为集团总裁任正非在集团内部发了一封名为“学习日本工匠精神，一生只专注做一件事”的电邮，这封电邮，实际上为曾鸣的“赋能”做出了完美的补充和诠释。

坚持并专注于自己的事业，提升专注力，追求精益求精，或许短期之内并不能给我们带来最大的利益，但“风物仍需放眼量”，每一个人、每一家企业，活在当下，为的都不是缅怀过去，而是让未来的“今天”过得更好。

5. 和自己的工作坠入爱河

你是否总感觉没有时间完成所有的事情？

你是否经常提醒自己要顾全大局？

你的失望是否来自某项工作的不完美？

你是否在早餐和晚餐时间谈论你的工作？

你是否感觉还没工作多久就到午餐时间了？

你是否经常被身边的人鼓舞？

你是否经常从工作角度看待业余生活？

你从不会在周日晚上感觉焦虑不安？

如果上述问题，你的回答都是肯定的，那表明工作令你激情四射，这些迹象说明你对工作是发自内心的热爱。

职人，对待工作就像对待恋人般用心，他们愿意永远和自己的工作坠入爱河。

“如果你把工作当作热恋中的对象，那么工作和你相处的时间，你就会觉得十分愉快。”乔布斯曾经不止一次地这样说。

“热不热爱自己的工作”也是乔布斯判断一个人好坏的现实标准。

一次，乔布斯和伙伴去公司附近的甜品店吃冰沙。乔布斯自告奋勇去拿冰沙，很久都没回来，他的设计师伙伴就去寻找。原来乔布斯正在和做冰沙的老太太聊天，可是老太太对于他的话一点都不感兴趣，只顾忙着做手中的冰沙。

设计师觉得好笑，又悄悄回到座位上等他，他清楚乔布斯为人挑剔，精益求精，对于冰沙都有很多牢骚，实在是再正常不过了。

半个小时之后，乔布斯终于回来了，满脸歉意地对设计师说："对不起，让你等了这么久。但是我感觉这个冰沙其实也不值得我去等待，我敢说它的味道肯定不好吃。"

设计师问："何以见得？你还没吃呢。"

乔布斯说："做冰沙的这个老太太满腹牢骚，一脸的不愉快，既然在工作中有这么多负面情绪，那她做出来的冰沙又怎么会好吃呢？"

或许，乔布斯的判断有些过于主观，但有时候，态度真能决定一切。

一群满怀怨恨的奴隶建造不出金字塔，一个对工作充满厌恶的人，也做不出快乐完美的作品。反过来，如果你热爱工作，像对待恋人一样对待工作，那么工作也会回馈于你。

古人常说："知之者不如好之者，好之者不如乐之者。"乐是一种兴趣，也是一种热爱，当这种热爱发酵到一定程度时，就会蜕化成使命感。

现实境遇中，找一份自己喜欢的工作或许不太容易，但说服自己喜欢上所从事的工作，则在一念之间，全在于观念的转变。

周鸿祎毕业后得到了在一家 IT 公司工作的机会，当时公司有一项任务——给某国家机关宣讲局域网电子邮件，公司的技术人员都不喜欢，也看不上这个工作，没人愿意去。最后推来推去，就推到了周鸿祎这个新人身上。

周鸿祎也不喜欢这项工作任务，但只能"硬着头皮上"，他心想既然是去讲课，就要做好充分准备，而不能过去随便糊弄人家，这太不负责任了。于是，他就买了很多关于电子邮件方面的专业书籍，研究越深，越发现电子邮件的重要性，对它的认识也发生了彻底的改变，那是在 1996 年，如果不接手这项任务，周鸿祎就不会做后来的飞扬电子邮箱，也就没有机会深入了解互联网。

对于这次经历，后来，周鸿祎感概说——

"这个世界是联系在一起的，每一个你不喜欢的任务，都可能是向你敞开的另一个世界的大门。只有走进去，不断发现新事物，你才真正知道到底自己喜欢还是不喜欢这个工作。我建议大家不妨去思考一下自己眼前所做的工作，先忘了你喜欢不喜欢。有的工作我至今都不喜欢，但是不排除我能把它做到极致。我能把自己不喜欢的事做得很好，有个很私人的原因，是我一直认为自己很牛，即使是不喜欢的工作，我也要把它做得特别漂亮，向其他人证明我自己比他们强。在把工作做到极致的过程中，我确实学到了东西。”

日本寿司之神小野二郎说：“你要爱你的工作，你要和你的工作坠入爱河。”在周鸿祎身上，我读到了和工作“坠入爱河”的状态。

6. 契约精神与责任意识

马克斯·韦伯在《新教伦理与资本主义精神》一书中从宗教角度，为资本主义在西方的兴起找到了一个合理解释：在传统商业文明下，契约代表着商业关系双方的一种承诺，将信用与契约紧密联系在一起。传统商业文明是构建在契约基础之上的，而不断发展的商业文明又反过来催生了西方文明社会的主流精神——契约精神。

契约精神产生于商品交易高度发达的社会，而中国数千年历史一直是自给自足的农业社会，交易匮乏，人们往往缺少契约精神。

契约，包括有形契约（如合同、制度）和无形契约（如承诺），企业要有契约精神，企业的每一名员工也要有履行契约的精神。

契约精神是职业的灵魂，有契约精神才会有敬业精神、职人精神和责任意识。

1999 年，彼得·德鲁克在《哈佛商业评论》上发表了一篇题为《管理自己》的文章。

文中，德鲁克写道："在这个充满前所未有机会的时代，如果你同时具备雄心和智慧，那么，无论你从何处起步，你都可以在自己选择的道路上抵达事业巅峰。不过，这种机会同样也意味着责任，在当今，你更需要为自己的职业发展负责，而不是仅仅依靠公司，事实上，任何知识型工作者都必须成为自己的首席执行官。"

对自己负责、对老板负责、对顾客负责、对作品负责，是职人的基本操守。

在韩国，有很多老的泡菜店老板，专心于泡菜的制作与传承上，他们把持着自己泡菜的味道与品质，使其不断延续、提升。

其中有一家经营历史已达百年的老泡菜店更是如此，这家泡菜店的名气很大，因为他们的泡菜品质独一无二，所以深受顾客的喜欢。可是，这样一家店却有着自己独到的要求：不允许顾客买泡菜去送人。

这是怎么回事呢？

有一天，一位老顾客来到店中，要求店主为自己包一些泡菜，并非常得意地说："我要将这些泡菜带给我的朋友，三天后他就可以吃到你家百年传承的正宗泡菜了。"

没想到，老板一听顾客要在三天之后才能将泡菜送到朋友手中，断然拒绝了卖泡菜给他。顾客非常不解，说："难道你家的泡菜不能送人吗？"

店主说："不是不能送人，而是不能三天之后再送，因为在你放置泡菜的这几天时间里，泡菜势必会产生变化，这会影响到它纯正的味道，如此也就不再是我们店里的泡菜了。你的朋友吃了，只会记住我们店变质泡菜的味道。这不但会有损泡菜自身的品质，也会影响我们泡菜店的声誉。这是我们所不能容忍的，所以，我宁肯不做这笔生意。"

这是一种对顾客认真负责的经营理念，也是对自己负责的职人精神，为了追求产品品质而苛刻到去控制它的去向以及食用方法、食用时间。

秋山利辉在他的著作《匠人精神》中详细阐述了匠人须知 30 条，其中有这样几条内容：

进入作业场所前，必须成为有责任心的人；

进入作业场所前，必须成为能为他人着想的人；

进入作业场所前，必须成为乐于助人的人；

进入作业场所前，必须成为"爱管闲事"的人；

进入作业场所前，必须成为花钱谨慎的人；

进入作业场所前，必须成为"会打算盘"的人；

……

这都是围绕责任而做的约定，要求职人对自己负责、对同事负责、对老板负责、对顾客负责。

对工作负责的态度，有助于工作品质的提升，能够助力个人成长。

陈鸿因家境困难，高中没读完就辍学外出打工谋生，他只身一人南下广州寻梦，在一家贸易公司做了一名库工。他工作非常用心、上进，老板对他不错，在距离仓库不远的地方给他们几个库工租了一间宿舍。

一天深夜，陈鸿和工友们都进入了梦乡，突然间他被连绵不断的炸雷惊醒。这时，他才想起公司有一批怕潮湿的货物还堆积在露天仓库里，就赶紧起床穿衣，工友们被惊醒后都劝他："这深更半夜的，眼看暴雨将至，再说这也不是上班时间，即使有损失也没有你什么责任啊，安心睡吧！"

陈鸿最终还是以最快的速度冲向了仓库所在地，还好当他赶到时，雨滴还未落下。他急忙打开库房的门，拖出了重达上百斤的毡布，还未将货物完全盖好，瓢泼大雨倾盆而下。

这时仓库门口突然冲进一辆车，老板也从家里火急火燎地赶来了。

当老板走出车门的那一刻，被眼前的一幕惊呆了：浑身已经完全湿透的陈鸿已经将毡布的最后一个角压好，此时所有的货物都已被完好无损地盖在了毡布下。看到这一切，老板被感动了。

后来不久，由于工作太过主动、出色，老板便任命陈鸿担任仓管主管。

德国大众汽车公司认为："没有人能够想当然地'保有'一份好工作，而要靠自己的责任感去争取一份好工作！"企业中每一位员工都在不同的时间、不同的地点，扮演着不同的角色，而每一个角色都意味着不同的责任。做好自己的角色，承担这个角色必需的责任，才能体现自己的价值，才能提升工作的品质。

第三章

精益求精：细微之处彰显工匠品质

寿司之神小野二郎说："我一直重复同样的事情以求精进，总是向往能够有所进步，我继续向上，努力达到巅峰，但没人知道巅峰在哪。即使到我这年纪，工作了数十年，我依然不认为自己已臻至善，但我每天仍然感到欣喜。我爱自己的工作，并将一生投身其中。"

不断精进，追求至善，专业度会日渐提升，受雇力会越来越强，价值会越来越高，越来越难以被替代。

1. 匠心是细心，细心度光明

匠心是细心，每一个职人，对于技术和作品精益求精的态度必不可少。只有抓住细节，才能追求无极限的完美。

在日本商业环境和职人文化中，他们更想做小而精的事业，一代一代细心打磨，越来越接近世界顶尖水平。

我们现在乘坐安全舒适的高铁，很多核心部件都源自日本这种小而美的公司。比如看似不起眼的高铁螺母，全球80%的市场份额都被一家日本螺母公司控制。因为这家公司的螺母永不松动的品质享誉全球，这种安全级别的产品才能在最大程度上确保行车安全。

不可思议的是这家公司只有45名员工，每一名员工都是世界上顶级的螺母工程师，他们一生都在做一件事情——做出全宇宙最好的螺母。他们从来没有想过开展多元化的事业，更没有去想过开分公司赚取更多的利润。在喜欢把事业做强做大、做多元化的企业家看来，他们难以理解这样和金钱过不去的另类。

就是这样“另类”的公司，在全球范围内引来了无数模仿者，却从来没有被超越，这家名叫哈德洛克的公司可以信心十足地宣布，它们“一直被模仿，从未被超越”。它们积累沉淀了几十年的技术，在工艺上精益求精的细节是它们取胜的关键，也是竞争对手难以突破的魔咒。

据了解，小小的螺母虽然看起来不起眼，螺母的物理结构也简单易懂，但就算哈德洛克把它们公司的机密图纸公之于众，也没有人能完全掌握它们公司的工艺，做出相同品质的螺母，只有那些一辈子都沉淀在制作螺母工艺中的工程师才能做到，这些工程师才是哈德洛克公司引以为傲的核心竞争力所在。

在条件相同或者相近的情况下，细节就是彰显品质的关键制胜因素。

2015 年春节，许多中国游客赴日本疯狂抢购马桶盖，导致日本许多商场的马桶盖卖断货。

日本的马桶盖就真的那么好吗？很多人不理解，同样的产品，国内的卫浴厂家也能生产，但在细节方面，国内卫浴厂家与日本制造商的确是存在差异的。

同样是马桶圈智能加热功能，国内的智能马桶盖加热的时间需要一个过程，而日本马桶盖采用的则是瞬间式加热，而且是自动加热，无须等待，此外还集成了温水洗净、暖风干燥、杀菌等人性化功能。

抽水式马桶并不是日本人所发明，是英国人发明的，日本人却在一个马桶盖上花了这么多心思，的确令人尊敬。

他们对待工作的细心是一点错误也不容许，从内到外都要求细致体贴，永远把服务对象当作“最在乎的人”。这份总让人惊叹进而佩服的坚持，更反映在对工作品质的重视、与不愿妥协现况的执着，成为日本独特的职人文化之一。

这是一个很小的细节，有些人认为过分计较小节显得有些矫情，但事实上，中国制造竞争乏力，恰恰是因为这些小小的“不注意”。

或许是受近些年商业大潮和商人思维的影响，无论是做产品、做服务，还是做事业，绝大多数人都抱着“差不多就行了”的心态。殊不知，差之毫厘，谬以千里。差不多在匠人的字典里，从来都是一个禁忌的词。

很多时候，一项工作、一款产品、一项服务、一件作品到底好不好，衡量标准正是细节。

宁允展是中车四方股份公司动车组的钳工高级技师，他是我国高铁列车转向架“定位臂”研磨第一人，经过他研磨的“定位臂”精度能够小到 0.05 毫米。在国内行驶的 800 多列高速动车，定位臂均由他和他的团队制造。

“定位臂”是高铁转向架与车轮衔接的重要环节之一，如果将高铁比作运动员，那“定位臂”就是“运动员”的“脚踝”，它掌握着高铁的方向和速度。

当高速动车行驶时速达 200 公里以上时，定位臂就需要接受相当于二三十吨重的冲击力，定位臂和轮子之间有 75% 的接触面，该接触面的间隙必须小于 0.05 毫米，如果大于 0.05 毫米，就可能出现安全问题。整个定位臂的接触面积不超过 10 平方厘米，只有通过徒手打磨的方式，不断地将定位臂的接触面进行打磨、精确，才能够将接触面的精准程度控制好。

通常，经过机器粗加工之后的定位臂误差都能控制在 0.1 毫米之内，这也就意味着，人工研磨时，误差的上限是 0.05 毫米，超出这个限度，转向架就等于报废。

0.05 毫米，正好是一根发丝的直径，要以手工研磨到这种精细的程度很难，难比登天，但通过不断的研究实践，宁允展做到了。

对高铁“定位臂”这种精细零件来说，一点点的误差，或许就是一场事故。宁允展不会说什么大道理，但他是一个真真正正的匠人，他常挂在嘴边的一句话：“一定要把细节做好，做到极致，这是大事。”

每一个细节其实都包含着极致，细节的打磨不是一件小事，因为一件产品的品质全都在细节中彰显。

一个职人制作的产品，每一个细节必然都是经得起推敲的。日本职人能够花费三年的时间专门设计电饭煲上的花纹，德国匠人能够将产品的使用时间和工作效率精确到秒。

《编舟记》是一部日本电影，获奖众多。该片讲述的是一群日本编辑耗竭 15 年光阴编撰一部《大渡海》的故事。

两个多小时的电影，基本上没有跌宕起伏的剧情，全由细节组成的《编舟记》在节奏上很是内敛。

全片让人印象深刻的当属日本职人的“敬业”和细心推敲，影片中提到一个细节：如何对“右”这个字进行释义，起初，有编辑对它的解释是“面朝西边时，北方即为右”，这种解读和“北”又有重复之处。于是，编辑部重新思索定义，要求做到“通俗易懂，生动形象”。最后，编辑松本给出的释义是“数字 10 中的 0 所在方向为右”，令人豁然开朗，这个定义精准又明确，这大概便是辞典的魅力所在了。

同《入殓师》《寿司之神》一样，《编舟记》中处处可见日本职人对精雕细刻练就的严苛。

我们看到，最终当编辑部上上下下用 15 年的时间细细修筑成一本辞典，编辑部的成员，有人熬出了胡茬，有人蓄起了长发，有人熬到头发花白，有人眼角增添了细纹……

《编舟记》试图向观众传递的，大概就是日本职人于时光一寸寸流转中，通过细心来度光阴，来对抗衰老并润泽快节奏的时代。

以邻为鉴，可知更替，以古为鉴，可知兴衰，以职人为鉴，可知优缺。

匠心是细心，细节之处，彰显极致。

2. 简单＋专注＋极致＝匠人力量

匠人力量，是一种孕育于平淡工作中的伟大力量，简单、专注、极致。

简单，是不复杂，是单纯，是最完美的简洁，是一种为了把事情做好而把事情做好的纯粹；

专注，对应多元、分散，是关心当下，聚焦自己的工作，进行不计较报酬的长时间投入，这种投入，容不得旁骛，这个时间，通常是一生；

极致，是尽头，是一种完美，是一种偏执的、固执的、钻牛角尖般的完美，容不得一点瑕疵。

日本是一个培育匠人的国度，身处日本，不用刻意围观，不用专门去感受，我们就能从空气中嗅到这种属于匠人的味道。在日本，支撑着整个工业体系，使日本工业形成完美闭环的，除了那些知名大企业，更有众若繁星的仿佛乡下作坊般的城镇工厂，比如冈野工业、小林研业。

冈野工业股份有限公司成立于1972年，因为社长冈野雅行先生不希望公司发展得太大，所以，直到现在，这家位于日本东京都墨田区东向岛的“乡下作坊”从来都没有扩张过，员工只有五名。就是这样一家小得不能再小的“作坊”，却是许多全球专利的拥有者，它在业内一直是独一无二、不可替代的。

从创立至今，冈野工业研发了许多新产品，如冲压机床用的冲压油，如让手机精致化成为现实的锂电池盒。最让社长冈野雅行感到骄傲的产品，是注射时让人感觉不到痛苦的无痛注射针头。

冈野工业研制的注射针头顶部非常细，底部相对顶部要粗 3 倍以上，针头顶部的小孔直径为 80 微米，外径 200 微米，底部小孔直径 250 微米，外径 350 微米。

一微米是多少？0.001 毫米，0.0001 厘米，0.000001 米。

打个最直观的比喻，成人大拇指指甲的正常长度在 1 厘米，1 微米就是大拇指指甲长度的万分之一。80 微米，也不过是万分之八十。究竟有多细，我们大概也能想象。

以城镇工厂的规模、技术、设备而言，制作这样的针头已经超出我们的想象空间。

事实上，就算是现在，全球绝大多数顶尖的医疗器械生产厂商也做不出这样的针头，但冈野工业做到了。

对此，冈野雅行并没有觉得多了不起，他说："我就像是小镇医生一样，治疗的大多是大医院所放弃的不治之症，而这也正是我的价值所在。"

冈野工业很小，做的工作也很简单，不过就是生产针头。但就是这样一家生产针头的小作坊，靠着自己的专注和对极致的追求，屹立于医疗器械领域的巅峰，哪怕是面对 TERUMO 这样的世界顶级医疗器械厂商，冈野雅行同样强势无比。

TERUMO 做不到的事情，冈野工业能够做到，这就是冈野雅行的底气，也是一个职人的底气。

一个职人，本身或许很平凡，没有什么特别之处，但当他怀着最纯净的初心，"一生悬命"式地专注做一件事情，偏执地去追求一种完美时，他身上就会绽放出一种光芒，流溢着一种力量。这种力量平凡而伟大，浩大却无声，它就是职人的力量。

常忠秋，生于黑龙江某林场，由于家庭困难，读到小学三年级便辍学做了伐木工，在一个下放到林场制琴师的熏陶下，他开始对小提琴制作产生了浓厚兴趣。

在长达七年的时间里，他什么也不做，疯狂钻研木头，和小提琴制作较劲，可一把琴也没能卖出，还败光了他之前做生意赚下的家当。

1998 年，痴迷于小提琴制作的常忠秋，有幸被中央音乐学院提琴制作大师郑荃录取为进修生。

几年的专业学习，他的制琴技术取得了突飞猛进的发展，毕业那年，终于以600元的价格卖出了自己制作的一把琴。毕业后，他每月都会往返老家与北京之间，拿着自己制作的琴请老师矫正，5年后，他出师了。

他对工艺的精进没有就此裹足不前——

他制作的提琴，对木材的产地、密度、树龄都有苛刻的要求；

一把小提琴有八十多个组件，对每一个组件的木料密度、干湿、时间、组装及上漆，他都有着最严苛的要求；

经他的手做一把高档小提琴，从白琴到油漆，再到晾干，需耗时3个月；

别人制琴用20元的普通配件，他则花上上百倍的高价满世界去寻觅最顶尖的物料；

他每年都会不知疲倦地奔赴美国、德国、意大利，四处拜师，语言不通，他就站在大师身旁当小工，甘愿做学徒；

……

这种简单、专注与执着，让常忠秋这个曾经的伐木工获得了越来越多的国际大奖，如今，他一年只做15把琴，最贵的售价高达4万美元。2014年，国民党荣誉主席连战夫妇在北京参观时，还曾特意找常忠秋订购过小提琴。

20年的精进，20年的制琴生涯，让常忠秋悟出一个道理：“做一把小提琴，不是一件很难的事，也就是两块板子一合，几十个步骤，说实话，一个月就能学会。可想把它做好，也许用你的一生也做不好。”

职人的付出，收获的是匠人品质，这种品质的工作和产品，鲜有竞争对手，它们往往是高端高价的代名词。

职人精神，是一种文化唯物主义，是一种器物情怀。职人的力量，来自器物，也来自内心。精湛的技术折射悠远的胸怀，没有闪光，如水般平静、普通，但平凡中孕育的却是一种伟岸：简单、专注、极致！

3. 精心准备，主动出击

五百年前，当伟大的航海计划在哥伦布心中萌动时，他没有贸然去行动，而是在将航海计划付诸行动之前开始默默准备。

他先用了五年的时间成为水手，又用五年的时间成为学者，最后用了五年的时间四处演说，争取支持……

后来他的船队终于启程，结果只用了短短八个月的时间，哥伦布就发现了美洲新大陆。

在人们眼中，通常只看到哥伦布发现新大陆的结果，却忽略了他之前所下的长达十五年之久的精心准备。

真正的职人是耐得住寂寞的，台上一分钟，台下十年功；他们专注坚守，敬畏专业，把每一件产品当作自己的孩子，倾注着自己的心血、情感、灵魂。对每一项工作都认真对待，哪怕是再细微的工作，也会进行100%的充分准备，全身心地投入。

机会对每一个人都是公平的，但它更垂青有准备的人，这符合资源（机会、责任、待遇）的流动规律，不认真对待工作、准备不足的人，不配得到优质资源。

从这一意义上讲，社会上基本不存在“怀才不遇”的人。

自媒体人鬼脚七就此发表过自己的看法：“我经常偶遇一些怀才不遇的人，一起喝酒聊天，他们就会讲自己的经历。大多是说自己多么优秀，多么有才华，然而环境怎么不好，领导怎么没有眼光。典型的千里马怀才不遇，只等伯乐来发现。后来跟他们接触更多，发现真实的情况是，可能他们确实有点才气，但根本没有认真对待过他们的工作。大多时候是如何让自己过得舒服一点，既不用出多大力气，还能拿跟别人一样多的报酬。久而久之，这就形成了他们的生活习惯，也形成了他们的价值观。他们的‘怀才不遇’，也是情理之中。”

所谓的“怀才不遇”，不过是没有做好充足的准备而已，因此总也得不到机会的垂青。

精心准备和主动出击并不矛盾，“酒香不怕巷子深”的时代已经成为过去，在工作中，把握每一次机会，积极表现自己，将每一件工作都当成是提拔的机会，才是新的王道。

机会来临时，未必会明白告诉你：“这是准备考验你（潜台词是要提拔重用你）了。”所以当你无法判断是不是机会时，唯一的办法就是把所有的工作都当成自己的机会，尽全力去表现。

在电视剧《士兵出击》中有这样一个情节，钢七连解散后，营地只留下连长高城和列兵许三多留守。

在一次聊天中，连长高城向许三多袒露自己的将门虎子身份，说自己不愿倚仗父亲，虽然“有很多路可以选择”，自己依然选择“走最难走的那一条”。许三多反应默然，说：“我只有一条路，我只会走一条路。”

唯一的一条路，许三多走了，还坚定不移地走下去，走得很好。

连长高城说：“他（许三多）每遇到一棵救命稻草就死死抱住，有一天，我回头一看，嚯！他抱着的，已经是一棵让我仰望的参天大树了。”

国务院参事、中国欧美同学会商会会长、中国与全球化智库（CCG）理事长兼主任王辉耀有很多头衔，他有着闪亮的履历，其人生宣言是：“以改革‘开放’为契机，主动‘选择’，勇于行动，去‘完成’（成就）一个丰富的人生。”

王辉耀的每一次选择，面对人生的每一次主动出击，本身就是一个个生动的励志故事。

大学毕业后，王辉耀希望去外交部工作。当时的大学毕业生都停留在等候分配工作的观念上，王辉耀不一样，他喜欢主动出击，从广州跑到北京，亲自去外交部了解信息，但最终去外交部的愿望落空了。

外交部没去成，王辉耀去了外贸部，刚参加工作，只能打杂，接触不到具体的工作。他不想被动等待，就抓住一切时间学习外经贸方面的专业知识，并着手翻译一些专业书籍，其中有一本是联合国出版的《在发展中国家承包项目指南》。

一次，处里急需一名翻译参加一个重要会议，专职翻译因特殊情况无法按时赶到，王辉耀就毛遂自荐，但他的请求未被采纳。

不过，机会垂青有准备的人。世界银行的专家要来经贸部举行有关世行项目的专业知识讲座，翻译不够用，领导想起了曾经毛遂自荐的王辉耀，让他作为候补上场。

世行项目是个新概念，国内很少有人了解，现场翻译效果不理想，听众摸不着头脑，台上台下几乎没有任何互动，会场氛围死气沉沉。

第一天下午，王辉耀作为候补翻译上场，他发现世行的业务跟自己之前翻译的图书《在发展中国家承包项目指南》内容非常相近，对于世行专家提到的一些术语和专业名词，他能够当即脱口翻译而出，观众开始踊跃提问，专家也讲得兴致盎然，整个气氛变得活跃起来。

后几天的翻译工作，全部由王辉耀一人包揽了。

这以后，王辉耀再也闲不住了，各种各样的机会接踵而至，还很年轻的他经常出现在各种重量级的会面场合。

为了让每一次工作经历都能变成有效的积累，王辉耀把每一次工作都当成一项最重要的任务来做，累积到一定程度，机会自然也就找上门来。

精心准备之余，将每一项工作都当作自己的机会，抓住一切机会表现自己，积极进取，不断精进……这些特质是职场精英阶层区隔于普通员工的外在识别符号。

曾任甲骨文（中国）区域董事总经理和多普达总裁兼 CEO 的李绍唐先生，是高端成功职业人士的另一个代表，他总结了自己二十余年的职场经验，写了一本书叫《勇敢去敲老板门》。在书中李绍唐写道：“我要告诉我们的年轻人，出了社会，什么时候你该离开，什么时候你知道有没有前途，你就应该勇敢去敲你老板的门了。”

这点心得来自李绍唐在 IBM 的第一份工作经历，进入 IBM 工作后，每隔三个月，他都要主动问老板“我哪里表现不好？我怎么做才能做到甲等考绩？怎么做才能做到 A?”

在李绍唐看来，去敲老板的门，目的是要去跟老板进行深入的沟通。和老板交流，要注意三个技巧：

第一，讲话语气一定要和缓；

第二，一定要讲事实；

第三，你要尊敬他。

将缺点和不足曝光在老板面前，这种勇气，不是每一个人都具备的。多数人都护短（自己的短处），且恨不得躲着老板走。

恰恰是通过这种“勇敢去敲老板门”的方式，才有了李绍唐“芝麻开花节节高”的职业晋升之路。

4. 不断精进，尽善尽美

日本企业界先后出现过“经营四圣”，分别是松下公司的松下幸之助、索尼公司的盛田昭夫、本田公司的本田宗一郎，以及京瓷集团的稻盛和夫。

四人当中现在唯一健在的就剩稻盛和夫了，他是日本的国宝级经营职人。

技术员出身的稻盛和夫完整地经历了日本经济从战后恢复，到创造经济奇迹，直至泡沫破裂的整个过程。而他刻苦勤奋的精神以及深植于佛教的商业道德准则，使其成为日本本土企业家的代表人物，在全球范围内都深具影响力。

稻盛和夫出版过一本书叫《六项精进》，其中第一项精进是付出不亚于任何人的努力。

何谓“付出不亚于任何人的努力”？

日本 NHK 拍摄过一部反映职人精神的 47 分钟纪录片——《长井鞠子的口译人生》。

长井鞠子，一名同传译员，何以能成为纪录片的主角？

先看看别人眼中的长井鞠子——

“她的翻译极具魅力，就好像是你的代言人一样阐述你的心情。”

“发音和用词都非常完美！”

美国前副总统称“她是日本第一的口译员，甚至是世界第一”！

日本历代首相和政要都非常信任她，经常指明让她担任翻译。

长井鞠子如今已愈 70 岁高龄，每年仍要进行不少于 200 场的会议同声传译，打破了“口译是吃青春饭”的行业定论。

在长井鞠子看来，同声传译就像一场战斗，有着严格的标准和要求，传译人员需要在1～2分钟内，完成听、理解、分析、翻译，然后发生等一系列过程，将代言人的语言、心理、状态高保真地传达给听众。

为了完美实现这一点，长井鞠子对自己有着苛刻的要求：

她会时刻关注最新的国内外形势及新闻资讯；

她会将回忆中可能出现的单词集结成册，方便记忆；

她会反复斟酌没有翻译好的词，以便改进；

她为了掌握最地道的日语表达方式，每月都会进行吟咏和歌唱；

她为了读懂发言人的“気持ち（心意）”，非常注意讲话者的细节，总是紧紧盯着发言人，注意对方的说话方式、声音、站立的姿势、视线，同时会做思考——这个人为什么要作这样的发言，为什么要这样表现；

……

这般“付出不亚于任何人努力”的精进，她坚持了四十多年。

长井鞠子称：“我不喜欢那种明明能做得更好却在80%的时候就松懈的感觉。”在她眼里，专家的形象是这样的——很多被誉为专家的人都觉得他们做的与旁人无异，或者说他们只是有一种把简单的事情复杂化、极致化的本能。

对工作不断精进，追求至善，专业度会日渐提升，受雇力会越来越强，价值会越来越大，越来越难以被替代。

如果你没有真本事，很有可能会随时被别人替代。面对这个残酷的现实，你完全可以通过对专业的不断精进，来提升职业安全度，提升身价，提升受雇力。

许振超是青岛港一名普通的桥吊司机，他所在的青岛港是目前世界上最大的集装箱码头企业之一。许振超参加工作三十多年来，以“干就干一流，争就争第一”的精神，立足本职，务实创新，干一行，爱一行，精一行。他自学成才，苦练技术，练就了“一钩准”“一钩净”“无声响操作”等拿手绝活，并模范地带出了“王啸飞燕”“显新穿针”“刘洋神绳”等一大批具有社会影响力的工作品牌。他带领团队按照“泊位、船时、单机”三大效率的标准要求，深入开展比安全质量、比效率、比管理、比作风的“四比”活动，先后六次打破集装箱装卸世界纪录，使“振超效率”令世人赞叹，将“振超精神”名扬四海。

许振超的“无声响操作”是青岛港的一绝。有一次，港口来了一批准备出境的化工剧毒危险品，这个货种特别怕碰撞，稍有碰撞可能就会引发恶性事故。当时许多船主、货主都赶到了码头，为确保安全，码头上甚至派出了武警和消防员。许振超在关键时刻把绝活亮了出来，片刻工夫，就将40个集装箱悄然无声地从船上卸下，又一声不响地装上火车。面对这轻松如行云流水般的作业，紧张了许久的船主、货主们发出惊叹的欢呼声。

许振超凭借苦学、苦练，成就了一身绝活儿，成为港口数万人的技术权威。

像许振超这样的职人，显然是不可替代的，因为他们有着自己的拿手绝活，有着自己的核心竞争力，无论到哪里，他们都是用人单位高薪争抢的对象。

5. 高度自律

“我们曾如此渴望命运的波澜，到最后才发现，人生最曼妙的风景，竟是内心的淡定与从容。我们曾如此期盼外界的认可，到最后才知道，世界是自己的，与他人毫无关系。”这是中国知名作家、翻译家、钱钟书夫人杨绛先生的百岁感言，引起很多人的转发、刷屏。

2016 年 5 月 25 日凌晨，105 岁的杨绛老人安详故去，人们纷纷将关注的目光投向这位“无官、无职、无权”、非富、非贵、非娱乐明星的老人身上。

据统计，我国百岁老人占总人口比例不到万分之三，一个人健康长寿终老，能够长命百岁的老人，实则是万里挑一的概率，他们无一不是自律者、胜己者。

杨绛能高寿 105 岁，就是万里挑一的胜己者，她能够控制战胜自己，有着高度的自律，一生保持良好的饮食、健身、作息和工作习惯。

但现在绝大多数人都管不住自己，管不住自己的嘴，迈不开自己的腿，“晚上下不了网，早晨起不了床”，计划好的工作总是半途而废，难以坚持到底。工作生活都被漫无目的的上网、刷屏、聊 QQ、玩游戏、空想耗去，正事都被耽搁了。

这种不自律，在我们身边，每时每刻都在重复上演，日积月累，不仅健康精神状况会日渐下行，而且工作也难以有所建树。

不自律的人太多，自律才显得弥足珍贵。

看一下那些卓有成效的杰出人士，之所以成功，不排除有先天成分在内，但更多是后天的自律与精进。

村上春树每天坚持长跑一个小时，一直在跑，多少年如一日，风雨无阻。这种坚持，强身健体只是一个很小的方面，他锻炼的其实是自己的耐力。

台湾作家林清玄，每天对自己的硬性要求是写3000字，不为发表出版，只为练笔。

德国哲学家康德深居简出，一辈子过着单调而自律的学者生活，每天的起床、喝咖啡、写作、讲学、进餐、散步等活动，高度固化，时间长很少出现差池，极其精确。每天下午三点半，康德都会准时出门散步，以至于后来，邻居们竟然纷纷以此为标准来校对时间，几乎同时，教堂的钟声响起。

我的一个大学同窗好友，在校期间，每天清晨坚持跑步，风雨无阻，遇到周末，大家都在宿舍睡懒觉，窗外仍然会准时传来他边跑边喊口号的声音。这种特质，让他在毕业后短短数年，就从一名普通员工一路晋升到了一家集团公司的副总裁。

人如果能够长期坚持某些纪律，在某些方面保持高度自律，他们都值得尊敬。这种特质本身也更容易让人实现卓越。

高度自律恰恰是职人精神的一个具化表现。

寿司之神小野二郎有着高度的自制力，他数年如一日，每天都在重复相同的动作：每天都搭同一班车，甚至从同一位置上地铁，在同一时间到达店里。他不喜欢假日，偶尔休假，也会感觉很漫长，只想尽快回去工作。

日本政府曾给他颁发象征职人最高荣誉的“现代名工奖”，领奖之后，他没有庆祝，没有情绪上的大起大落，回来后，他继续到店里做寿司。

在旁人看来，这多少有些沉闷无趣，但在小野二郎的世界观里，他所完成的，没有一个动作、一份寿司是完全重复的，每一次他都力求更为精进。“我会在梦里做寿司，点子多到半夜会惊醒。”

在日本，很多普通职业人士也都非常自律，讲究坐有坐相，站有站相。

成田机场的地勤人员每天早上都要齐声高呼行动四准则：说话大声点儿，行动利索点儿，见人打招呼，脸上要微笑！

日本快递公司佐川急便的工作人员，送货时总是一边跑一边喊“我是佐川急便，请多关照”。实际上，快递员一个人外出送货，并没有人监督，这全都是出于他们职业上的自律和自制。

他们通过自己的工作作风来告诉世人——我们的企业文化和职业素养就是这样的，我们的职人文化和职人精神就是这样的。

康德提出过一个著名的概念：人为自身立法。为自身立法，目的是管理自己，培养高度的自律感。因为“自律”几乎是在某些专业领域取得顶尖成就的所有人的共同点。

自律，还表现为对规则和制度的敬畏与尊重。德国大学生曾做过一个实验，他们在德国科隆一条街上相邻两个电话亭，分别贴上“男”“女”字样，然后躲在暗处观察，结果有十余名德国男子都按照指示，耐心地在贴有“男”字的电话亭外排队，而贴有“女”字的电话亭却空无一人，尽管如此，还是没有一个人坏了规矩。

“职人精神”从根本上讲，就是一种“自律”。对于自身所从事的技艺，他的内心要求他做得更好，每天都向着既定的方向更进一步、没有终点。这是一个不断与自身交流、发现自我、追寻自我，最终从“自律”走向“自由”的过程。这个过程在职人眼中，已经不再是劳累、负重，而是一种心动、享受、惊喜与自我满足，一如小野二郎所说：“我仍然会每天感到惊喜，因为我就是爱捏寿司。即使我85岁了，还是不想退休。”

不得不承认，自律不是一件好玩的事儿，尤其是前期。不过，当你突破了自律的瓶颈之后，就会发现一片广阔的天地。

所有的自律，不论是工作中的良好习惯，还是阅读、健身，都会经历如下几个过程：

第一，兴奋期。在好奇心的驱使下，对某项坚持往往会保持“三分钟热度”，这个过程通常是兴奋的。

第二，乏味期。对某件事的坚持，经过一天两天、一周两周乃至更长的时间之后，最初的新鲜感不再，取而代之的是枯燥与乏味，很多人会在这个阶段泄气，甚至放弃。

第三，痛苦期。能够克服乏味期枯燥，将某项习惯强行推进，并坚持下去的，当属那些意志坚强之辈。在这个坚持的过程中，一定是痛苦的、煎熬的，是对当事人生理和心理上的双重考验，很多人会在这个过程陷入“最后一公里”的困局，心理和生理遭受双重折磨，最后选择乖乖缴械投降。

第四，享受期。当你真正突破了“最后一公里”的瓶颈，量变到质变的跨越就会发生，这个坚持的过程会给你带来无穷的正能量和心态心境的彻底提升，突破之后，你将会跨入享受的自由王国。

自律的最高境界就是实现个人的时间自由、事务自由、心理自由，将精力和时间真正投入在自己感兴趣的事务上。

6. 长期不计报酬的全身心投入

职人精神，之所以被推崇，在于它的艰苦不易达到，在于它需要“为了把事情做好而把事情做好”的单调与自律，在于它是一种钻牛角尖的完美主义行为，以及长期不计报酬地全身心投入。

稻盛和夫被认为是最有匠人精神的企业家，他有一个很经典的自述：“手拿放大镜仔细观察产品，等同于用耳朵静听产品的‘哭泣声’。如果找到了不合格的产品，就是听到了产品的‘哭泣声’，我就会想，‘这孩子什么地方疼痛才哭泣呢？它哪里受伤了呢？’当你把一个个产品完全当作自己的孩子，满怀爱意、细心观察时，必然就会获得如何解决问题、如何提高制成率的启示。”

将所做的工作视为有灵性的生命体，是职人精神的核心，他们不仅仅将其作为赚钱工具，而旨在树立一种对工作执着，对所做的事情和生产的产品精益求精、精雕细琢的精神，具备长远眼光，哪怕短期内没有报酬，没有回报。

树研工业是日本一家并不是特别起眼的城镇工厂，规模不大，员工不足百人。但就是这家小小的工厂，三十多年来，创造了一个又一个不可思议的奇迹：

1998 年，树研工业生产出了世界上第一个十万分之一克的齿轮；

2002 年，树研工业批量生产出了重量只有百万分之一克的齿轮，这种齿轮，直径只有 0.147 毫米，比人的头发丝还要细，还要小，被人称为粉末齿轮。

这种粉末齿轮，每一个都是纯手工制作，看上去仿佛是工艺品，摸上去手感更是妙不可言。用心感受，你甚至能感受到每一个齿轮上被赋予的一种独特的灵性，仿佛它是活的。

不过，这种粉末齿轮到目前为止，在任何行业都完全没有使用的机会，真正“英雄无用武之地”，但树研工业为什么还要投入 2 亿日元去开发这种没有实际用途的产品呢？

这其实就是一种追求完美的极致精神，既然研究一个领域，就要做到极致，哪怕没有回报。

职人的全身心投入，以高度的事业心、强烈的责任感，高质量地做好每一件具体工作，还可以被延伸为一种不计短期业绩、不计短期回馈、不计短期报酬的职人姿态。

我们经常可以听到有人这样抱怨：“才给我发 3000 元的工资，却希望我做出 8000 元的工作表现，我可不傻。等你给我 8000 元的时候，我自然会上心。”

可问题是，3000 元的工作你都干得不怎么样，凭什么让老板相信你有胜任 8000 元职位的实力呢？

能不能尽快挣到高薪，不在于资历，并非是你能熬到，就水到渠成，而在于你在挣 3000 元的时候，有没有表现出价值 8000 元的职业风范。

作家六六说过自己的一段经历——

“我在新加坡教书的时候，最初一个半小时 15 新币。若刨去来回路上两三个钟头，还有车钱和饭钱，我基本上教书就是图一个乐子了。可我依旧坚持去做，新加坡那个大太阳，晒得很难受，整个新加坡的交通，我摸得门清，我曾经去过地图都找不到的地方，我还在地铁上站着睡着过。

“我一个朋友的太太，那时刚从中国来新加坡，我把自己手头的家教分给她。她做一段，不愿意做了，嫌辛苦，又不赚钱。而另一个跟我学艺的学徒对我说，小孩子上课的时候想睡觉，她就陪他趴在桌子上一起睡。我大惊，跟她说，你怎么可以这样！家长是付钱给你的！她说：‘才 20 元，我难道要卖身给他父母吗？’

“两三年后，我一小时课的课时费已经超过50元。集中上大课的话，价钱还要高些。我的总收入与新加坡大学教授齐平。而那两个幸福的女人早就退出不干了，因为嫌苦，这个行业不赚钱。

“十年后，她们经常在媒体上才能看到我，而她们依旧在家里做幸福的太太。”

十年后的巨大反差，是由十年间的过程（不同的做事方式、做事态度）造就的。

人和人的差异其实很小：

你在晚睡晚起，或游戏，或懒床，别人在晚睡早起，或学习，或锻炼；

你应付上班，别人用心工作；

你在完成今天的计划，别人在策划明年的计划；

你在找借口，别人在解决问题；

你在算计自己的利益，别人在考虑老板的利益……

日积月累，别人看上去比你收入更高，比你更成功。

成功不是从天而降，也不是什么奇迹，只是由各自不同的轨迹造成的。

“年轻人进入职场，都希望先拿高薪，再认真工作，心里想的是我工资待遇不够，凭什么努力工作。但实际上最后真正在职场取胜的，是那些不计较个人得失辛勤工作，坚持不懈努力的人。”俞敏洪这样告诫刚入职场的年轻人。

由于老板和员工的思维有差异，员工希望先得到报酬再工作，老板却喜欢那些先拼命工作不计报酬的人，然后再谈重用。

让老板转变思维显然不是一件容易的事，转变个人思维才是正道。

与其去抱怨这些问题——

老板赚那么多，为什么只给我发一点点薪水？

大家做的工作都差不多，为什么有人收入比我多几倍？

我来公司工作这么多年了，可薪水还是一成不变！

同事能力都差不多，为什么别人就能拿高薪？

不如通过这些问题反思一下自己——

我在公司的什么岗位上？

我在这个岗位上付出了什么？

那些拿到高薪的同事又付出了什么？

我为公司创造了多少业绩，带来了多少利益？

如果我是老板，对于我这样的员工会感到满意吗？

卢梭说过一句至理名言：“要想得到上帝的报偿，你必须先支付你的价值。”从这一视角看，其实决定你价格与收入的并不是老板，而是你自己。

第四章

磨练心性：做“有情怀、有信念、有温度”的工匠

45岁时，李宗盛从台湾移居上海，租下一间小厂房，开创了自己的品牌“李吉他”。这个过程中，李宗盛感触最深的是：所有精工制作的物件，最珍贵、最不能替代的，就只有一个字——“人”，人有情怀、有信念、有态度。

职人视工作品质为生命，职人心性的磨练，即是对情怀、信念和态度的磨砺，使之融入工作和血液中。

1. 有一流心性，必有一流技术

我看过这样一番话：

脾气越大，身体越差，

脾气越温，福报越深；

声音越大，修养越差，

声音越柔，德行越厚；

性子越急，智慧越低，

性子越稳，智慧越深。

同时，坊间也有这样一种说法——

“第一等人：有本事，没脾气。第二等人：有本事，小脾气。第三等人：没本事，大脾气。”

第一等人，不是没脾气，而是他们在漫长的工作和生活历程中，善于修行，不断磨练灵魂，“去伪存真”，渐渐发现了生命的本真。性格越来越沉稳、轻柔、缓和，脾气越来越小，极少情绪化处事，说话让人舒服，做事让人感动。对心性的修行已经到了一定的境界，发现了工作和生活的真谛。

心性，谓性情、性格。原是中国古典哲学范畴的一个概念，指“心”和“性”。战国时孟子有“尽心知性”之说。后来，佛教各宗盛谈心性，禅宗认为心即是性，倡明心见性，顿悟成佛。

心性异常重要，它可以让一个消极的人坠落到无底深渊，也可以让一个心如死灰的人涅槃重生。

在这个快节奏的时代，人们容易被周围喧嚣的环境和杂乱的声音影响，如果心性不够坚定成熟，易被周遭的环境吞噬。尤其是后工业时代之后，人的主体性在逐渐消失，人的心性更容易迷失。克劳福德在《摩托车修理店的未来工作哲学》一书中提到：“作为消费者，我们被庞大的不可抗力量控制；而作为工作者，我们每个人的主体性慢慢消失。”

日本的职人精神就是将职人作为人的主体性传递到了自己的工作、作品中去，这个主体性反映的便是职人的心性与态度。

这同我国传统观念有异曲同工之妙，《尚书·大禹谟》有云：“人心惟危，道心惟微；惟精惟一，允执厥中。”

可见，职人精神不仅需要精雕细刻、耐心打磨，还需要培育温和、儒雅、善良、谦让之气，规避心急火燎、心浮气躁的戾气、霸气、匪气、怒气、肝火气。

职人精神不仅仅要靠“笨手艺”，更要靠“心性”的专一。我们看到在那些日本、德国职人的背后，无不是技艺和心性的双重修炼。在这个信息爆炸、变化无端的世界，人们习惯喜新厌旧，习惯半途而废，而忘记了要严肃恭敬地对待物品、对待工作、对待生活、对待手艺。

职人需要清心、定心，方能专心，正所谓“急不得，懒不得，方能成”，如此才可“精益求精，别出心裁”。

秋山木工创始人秋山利辉，在中学毕业时，嘴笨拙舌，没有突出的天赋和特长，功课也不好。因此，他十六岁时就选择去大阪的木工厂做学徒。

在木工厂，秋山利辉尊敬师傅的一切，对师傅的一切安排无不言听计从。他跟师傅一天二十四小时朝夕相处，一同吃饭睡觉。师傅的一举一动、一言一行，秋山都看在眼里，记在心里，且注意学习模仿。

学徒期间，秋山利辉就像是吸水的海绵，对师傅的技术来者不拒，技术日渐提升，本领逐渐提高。

严厉的师傅，每日传授的知识技能，让秋山心生感激之情，这个过程恰恰也是一个心性磨砺的过程。

对此，秋山利辉感概说——

“我要把自己的这些经历，告诉现在的年轻人，想成长为一流的匠人，首先必须放下自己微不足道的自尊心，将师傅们所授予的知识顺从地全盘接受，不如此便无法获得成长。

“除了技术之外，同时必须修炼自己的心性，学会感恩。没有诚实和感恩之心，人是无法获得成长的。我还告诫徒弟们，如果你们不愿意尽孝道，不能让父母过得快乐，那么将无法成为真正的一流匠人。”

这种观念，也影响了秋山木工对职人的评价标准：一名合格的职人，应当是技术 40%、品行 60%。

秋山利辉培养的不仅仅是“会做事”的工匠，更是“会好好做事”的匠人：就是竭尽全力让客户满意；就是面对突如其来的意外，具有从容不迫的判断力和问题解决能力；就是要具备能与客户顺畅交流的沟通能力，无论面对什么样的客户都能侃侃而谈、如数家珍。

秋山利辉称：“我相信，有一流的心性，必有一流的艺术。”

日本经营之神稻盛和夫先生曾去参观秋山木工，完毕，他在秋山利辉赠送的日文版《匠人精神》上，亲笔写下“为天命而活”。

在图书的封面上，则是稻盛先生对秋山先生的赞语：透过磨砺心性，使人生变得丰富多彩的日式工作法。

人生的意义是什么?

人生的目的在哪里?

对此，稻盛和夫的答案是“提升心性，磨练灵魂”。在稻盛和夫看来：“我们降临俗世，经受各种风浪的冲击，尝尽人间的苦乐，或幸福，或悲伤，一直到呼吸停止之前，我们都不懈地、顽强地努力奋斗。这个人生的过程本身，就像磨练灵魂的砂纸，人们在磨练中提升心性，涵养精神，带着比降生时更高层次的灵魂离开人世。我认为这就是人生的目的，除此之外，人生再无别的目的。”

这也是日本顶尖职人的共识。

在秋山木工学校的关于“匠人须知 30 条”中，只有第 20 条提及到要能够熟练使用工具，其他 29 条全是从培养良好的生活习惯及心态出发，可想而知秋山利辉先生对于学员心性培养的重视程度。

因为心性是提升层次的关键，是境界的表现，是真正衡量一个人层次高低的“标准”。过去有句话叫“心性多高功多高”，什么意思呢？其实就是你“心性”刻度到了哪里，你的修为就到了哪里。

从这一刻起，开始修炼自己的职业心性，尝试一下，看一边工作一边修行是否能使心灵获得宁静与安详。

2. 一流匠人，人品比技术更重要

16 世纪，时值西方大航海时代，为了寻找梦想中的黄金与财富，很多冒险家在一些商人的财力支持下开始了远航。

1533 年，英国伦敦的 240 名商人，也禁不住诱惑，加入了这一行列中。他们每人出资 25 英镑，买了三艘海船，雇用了一批水手，组成了一支“寻金舰队”，旗舰被命名为“莫斯科”号。

临时招募来的水手，让商人们有些放心不下，他们担心水手出海后，找到金银财宝就再也不回来了，甚至直接将船卖掉，分钱后一哄而散。但是商人们并没有太好的控制之策，面对黄金的诱惑，他们所能做的只有无条件信任那些水手。在当时，他们甚至还专门发明了一个新词——Trust（信托），来形容当时他们的复杂矛盾心情。

最后，水手们还是在商人的信任与无限的寄托下，开始远航了。不幸的是，船队刚一出海，就遭遇了大风暴，两艘船刚到挪威外海就被风浪打沉了。只剩下唯一一艘“莫斯科”号，它继续向前航行，直至到达了北极圈，再也无法往前行驶，二百多名船员下船登岛，他们用带来的各种货物同岛上的居民交换到了很多当地的貂皮等特产，船长觉得占到了便宜，就回到了伦敦，那些换来的货物果然卖了一大笔钱，船长和船员们没有食言，他们如约将所有钱财都交给了他们的委托人——伦敦的 240 名商人。而他们用来交换貂皮的那个地方，就被他们用旗舰名字命名为“莫斯科”。

有了这次经历，“莫斯科”号的船长和船员，以后再出海，就有商人愿意出更多的佣金，就像股票市场一样，他们的市盈率非常高。

后来这个故事被越来越多的人知道，人们议论纷纷：

什么样的人才能得到最高的市盈率？

那一定是有信托责任、有良好信誉的人，人家把钱交给你以后，你不会到处挥霍，随便乱花，这种人下次再去筹款的话，就能筹到最多的钱，所以市盈率最初的含义就是这么来的，它是和受托人的信托责任、是否具备良好的信誉密切相关，它诞生在1533年。

从那以后，信托责任便成了包括那些船长在内的职业人士所信奉的一种基本价值观，也就是“公职即公信”，西塞罗把之解释为：“如果一个人担任了某一职务，他就是这一职务上的官员，他就承担了一定的义务，他就应该是负责任的、讲信誉的。”同时，人们把与这个职务相连的权力放心地交给他，相应就会期待他能够有责任心地行使这个权力，在处理事务时充分考虑他人的利益。

这样的原则，在后来逐渐演变成为文明社会的一个共识。

对于今日的职人而言，更是必须具备这种信托责任，它是职人品质和职人精神的基本精髓所在。

在任何企业和组织里，总会同时存在这五种人：

能力好，人品好，称为极品；

能力一般，人品好，称为良品；

能力好，人品一般，称为次品；

能力差，人品差，称为废品；

能力超强，人品超差，称为毒品。

我们知道，企业最大的资产是人才，一旦用人不当，人才将会成为企业最大的负债。因此，企业用人的基本假设就是人才的品德比专业能力更重要。

我看到很多著名企业在用人上都秉持这样的原则：有德有才，破格使用；有德无才，培养使用；有才无德，观察使用；无德无才，坚决不用。

真格基金创始人、著名天使投资人徐小平和凤凰财经记者有过一番关于“人品和能力谁更重要的探讨”——

凤凰财经：为什么人会比模式更重要？

徐小平：我们看到有些人融到5000万美元，生意做得很不错，莫名其妙就没了，就跨了。为什么？其实在他们跨的同时，新的企业同样这个行业的人就怦然崛起。企业是谁做的？是人做的，当然人最重要。

凤凰财经：在讨论人的时候我们常常有两个纬度来考虑，一个是人品，一个是能力。你怎么判断这两个因素？

徐小平：人品最最重要，我们知道有些人能力很强，有很多世界级的朋友，但是你懂得，假如你人品出了问题，你即使意外遇到什么困难了，别人都不会去伸出援助手。你再强，可能对身边的人，对社会带来的是副作用。

凤凰财经：你的识人的慧眼，背后到底依据的原则方法是什么？这个有经验可以总结吗？

徐小平：我觉得就是人品最重要，比如说我在新东方的时候，有个学生来找我，他想申请哈佛大学、耶鲁大学的学位，然后开口就说我怎么做假，我怎么做假材料，这种情况其实在中国很普遍，但是这种学生我是绝不会帮他的嘛，这是一个。第二，我有时候真遇到比如说哈佛这一类学校的那种牛人，但是我能看出来，他的某些问题，比如说不诚信，你瞒了某种东西。我也不会帮他们，因为这样的你越帮，他对社会来说是没有好处的。

提示投资人投的是人，考量的是投资对象的人品。企业用人考量的首先也是人品，秋山利辉在《匠人精神》开篇就提到："一流的匠人，人品比技术更重要。"

人品和能力，如同职人的左手和右手，单有能力，没有人品，职人将残缺不全。除了上文提及的责任、信誉，职人的人品还表现在以下几个方面。

· **忠诚**。站在公司的立场上思考问题，忠心维护公司的利益，在诱惑面前经得住考验。

· **敬业**。工作的目的不仅仅在于获取报酬，还要提供超出报酬的服务，乐意为工作做出个人牺牲。

· **积极进取**。跟上时代和企业的步伐，以空杯心态去学习、去汲取，挤时间充电，发展自己的"比较优势"，挑战自我。

· **低调**。不高不自傲，克服"大材小用"的心理，不摆架子耍资格。

· **节约**。要把老板的钱视为自己的钱，要诚信不耍小聪明，不浪费每一张纸，不浪费每一分钟工作时间。花公司每一分钱，都要收到最大效益，崇尚“省下的都是利润”。

· **感恩**。要做到吾日三省吾身：是谁给了你工作？是谁给了你帮助、指正和业绩？是谁成就了今天的自己？

3. 永远把服务对象当作“最在乎的人”

我听人讲过一个关于老木匠的故事：

一个独具匠心的老木匠，一辈子都在盖房子，凭借自己精湛的手艺和认真负责的工作态度，深受老板青睐。

忙碌了一辈子的老木匠年岁渐长，老了，想退休回家享受天伦之乐，颐养天年，于是向老板递交辞呈。老板颇为不舍，再三挽留，无奈老木匠去意已决。

不得已，老板只得同意老木匠的辞职请求，不过，老板希望他再建造最后一栋房子，就当是帮自己一个忙。

老木匠磨不开面子，不好意思拒绝，不得已又去盖起了职业生涯中的最后一座房子。

这时，老木匠已然是“身在曹营心在汉”，心思早已飞回了家乡，干活时再也不像往常那般尽心尽力。做工不再精细，用料也不再讲究，每一道工序，他会竭尽所能地偷工减料，提效率，赶工期，想尽早将房子完成，好敷衍老板，交差了事。

终于，老木匠提前完成了房子的建造。当他向老板交工告老还乡之际，老板却将新房子的钥匙递交到了他手中，语重心长地说：“您跟随我辛苦忙碌打拼了一辈子，这栋房子其实就是我送给你的礼物，这样就可以让你的家人搬过来跟你一起住!”

老木匠拿着钥匙，内心五味杂陈，更多的是悔意和惭愧，若是当初知道这个房子是老板送给自己的礼物，若是知道老板对自己这般器重，那自己就是披星戴月、舍掉老命也要把它盖成全天下最美的房子。

很多时候，我们又何尝不是缺失一种自觉性，常常找借口来原谅自己在工作中的不尽力，原谅自己在工作中的敷衍、懈怠。直到看到自己的作品，发现将住在自己所盖的“房子”之后，我们才感到震惊、懊悔。

不管是给自己做事，还是给别人做事，都要端正态度，认真负责，做到有始有终，始终将服务对象当作最在乎的人，将每项工作、每件作品都当作是为自己做的一般，将心注入，尽心尽职。

在我看来，老木匠称不上是真正意义上的匠人、职人，我甚至怀疑他在之前的工作中是否也称得上是独具匠心。

因为很多时候，匠人都是偏执的。

他们偏执于产品的质量，追求质量的极致，对次品零容忍，一旦遇到取舍，必定会弃量而保质，没有例外。他们始终将产品和顾客视为生命，始终将服务对象当作最在乎的人。

对作品、对服务对象认真负责的态度，能够提升工作品质，实现从平凡到优秀、从优秀到卓越的蜕变。

在国内制造领域几乎必不可少的成品检验环节，在日本几乎没有。因为对每一个职人来说，产品代表的都是人格、信誉、名声，产品不合格，等于在破坏自己的名声，这种事情，职人是宁死都不会做的。

专注生产弹簧夹头的日本“A－one 精密株式会社”，算上老板梅原胜彦，一共只有 13 个人，每天，从日本各地飞到梅原手上的订单如雪片般飞来，但公司的日生产量始终都保持在 500 件，多一件都不做。

找上门来的钱都不要，梅原的做法看起来很傻。只不过，作为一个手艺人，在他的心中，有着自己的坚守。

500 件，是一个极限，再多，产品就很容易出现瑕疵，这些瑕疵，用户可能根本看不出来，但制作者却心知肚明。而对一个匠人来说，制造一件有瑕疵的产品，就等于在慢性自杀，是自砸招牌，这是绝对不允许的。

A－one 的弹簧夹头，没有做过成品检验，但无一不是精品。

真正的职人，从来都是执着、刚正、一丝不苟的，对待工作，他们有着一种异乎寻常的执着和不容触碰的底线。因为执着，他们坚定，因为坚定，他们全神贯注，因为全神贯注，所以尽心竭力。

每一件产品，都要做到最好，这是匠人的坚持，也是匠人的执着，对匠人而言，服务对象，永远都是“最在乎的人”。

职人视品质为生命，没有任何可以回旋的余地，它们不是为一份工作，不是为一件产品，更不是为了谋生的工资，而是将其看成自己生命的涅槃。

可以想象，这种以服务对象、以品质为第一考量因素的职业精神，与那些只为了拿到工资，取得丰厚利益而一心求多求量的做法相比，其最终的结果与品质又岂是一个“好”字可表达的?

日本职人对待工作和作品的细心是不容点滴瑕疵存在，从内而外都要求细致体贴，永远把服务对象当作“最在乎的人”。这份让人惊叹进而佩服的坚持，更反映在对工作的重视、与不愿妥协现状的执着，形成了日本独特的职人文化。

4. 职人的三境界：技、艺、道

《庄子·养生主》中讲了一个“庖丁解牛”的故事。

庖丁是一个宫廷屠宰师，他一生只做一件事，就是解牛。解牛，听上去很简单，但庖丁解牛超越了技的范畴。

庖丁在解牛的时候，牛不会感觉到任何痛苦，都是安详离去的。他熟悉牛身体的每一个构造、每一个器官、每一个组织、每一条骨骼，刀子插进去，顺着骨骼筋络，便将牛分解，不流一滴血，神乎其神。

梁惠王询问他怎么做到的，他说：“臣之所好者，道也，进乎技矣。”

庖丁追求的不仅仅是能将“解牛”这个技术活完成，而是追求一种“以无厚入有间”“游刃有余”的境界，甚至在节奏上也要有“合于《桑林》之舞，乃中《经首》之会”之美感。

要实现这一点，在庖丁看来，就要摈弃功利心，保持技术施展中的灵性，能“以神遇而不以目视，官知止而神欲行”。否则，“目无全牛”，仅把牛看作待屠宰对象的话，永远也不可能领悟“解牛”的道。

我国传统文化讲求的是“运用之妙，存乎一心”，是“出神入化”“炉火纯青”，某项技术如不能升华至艺术层次，就难登大雅之堂。

精技近乎艺，是因为“技”只有上升到“艺”，才能成为领悟大道的契机。在中国传统文化视角，“道”不是对象化的东西，而是一个借助各种“机缘”方能进入的境界。而机缘，恰恰是通过技艺来开启的。

从新手到专家，从员工到职人，不可能一蹴而就，它需要时间的考验和经验的积累。

一个职人，也只有循序经历技、艺、道的境界，方能完成生命中一次真正的涅槃。

楼婧婧，是浙江东阳某木雕工厂的“老师傅”，从16岁入厂做学徒，到成长为一名小有名气的木雕艺人，她花费了整整20年的时间。

东阳是木雕之乡，雕刻艺术非常盛行，生于厮、长于厮的楼婧婧，自幼耳濡目染，对木雕自然也有着别样的感情。

因为家庭原因，16岁初中毕业后，楼婧婧便进了本地一家木雕工厂打工，最初，做木雕对她来说就是必须完成的工作，是赖以谋生的手段，但随着时间的推移，她慢慢爱上了自己的工作，沉浸在木雕的世界中，难以自拔。

“三年学徒，五年伴作，十年成师”，这是职人最常说的一句话，也是一个职人成长的最真实剪影。不经历一段漫长且枯燥的磨砺过程，一个职人是无法成才的。

16岁那年，楼婧婧进厂，跟的是齐师傅。齐师傅是一个很严格的匠人，不苟言笑，却是一个好师傅。和楼婧婧一起入厂的许多女工，在入厂三个月之后，通常就学会了粗浅的雕刻，初入门径，成了一名雕刻艺人。但在入厂的前三年，楼婧婧根本就没接触过雕刻。日常，齐师傅只让她做一件事——把木板凿薄凿均匀。

这项工作看上去很简单，但要做到位很难，它考验的不仅是一个雕刻艺人的手劲，还有艺人对各种雕刻工具的使用。

刚开始，楼婧婧对齐师傅是有怨言的，她认为师傅很吝啬，不愿意把手艺传给她，甚至有了换师傅的想法。但20年后，谈到齐师傅当年的教导，楼婧婧分外感激。她说：“万丈高楼平地起，正是因为当年师傅帮我夯实了基础，掌握了最基本的技，之后，我才能摸索出自己的‘艺’，并朝着‘道’的方向，不断前行。”

“学徒需要靠自己的天赋，有自己的创意，才能有属于自己的未来。”多年来，楼婧婧一直把师傅的这句话当作人生的座右铭。

“凿木板”凿了三年之后，楼婧婧终于开始接触雕刻。

在正式学习雕刻之前，师傅齐向东送给她一套雕刻工具，这套工具，陪伴了楼婧婧 17 年。

楼婧婧说：“这辈子，我的工具永远都只能也只会是这一套。”

雕刻工具对雕刻师来说，是最重要的伙伴，楼婧婧的“从一而终”，体现的不仅是匠人的专注，也是匠人的坚守。

跟师傅学了五年的雕刻之后，楼婧婧出师了，出师之后，她开始“自立门户”。

二十年的锤炼，锤炼的不仅仅是技艺，还有她的心。

从当年的青涩、浮躁、懵懂、彷徨，到现在的沉静、安详、喜乐，楼婧婧的身上，匠人气息越来越浓，浓得已经化不开。

“我们从事这项工作就是要持之以恒地做一辈子，也要传承下去，不断地学习。”楼婧婧说。

虽然现在她在业界已经小有名气，却始终保持谦恭、自省的心态。她知道，自己离“道”的境界还很远很远。

日本琦玉县晶平锻刀道场是日本武士刀锻造的标杆，道场的主人川崎也是一位传奇锻造师。

一次，川崎在接受采访时，用“技、艺、道”三个字描述了自己的匠人之路——

当学徒的时候，“看山是山，看水是水”，按图索骥，学习的是最基本的锻造工艺，此为“技”；

出师之后，经过不断的摸索和试错，开始“看山不是山，看水不是水”，在不忘师承的基础上，开创了属于自己的锻造风格和流派，进入“艺”的层面；

锻造多年，经过无数次升华和沉淀之后，则返璞归真，“看山还是山，看水还是水”。在锻造的时候，刀再也不是一件死物，而是一种生命体，仿佛被赋予了灵性，就如川崎自己说的那样“日本刀是有魂的”。

这里的魂，指的就是灵性，即我们所说的“艺通乎神”，开始领略到“道”的境界。

所谓专家，也不过是在“艺”的层面比别人走得更早，走得更深而已。

职人并不是一夜之间就能够造就的，它需要一个循序渐进的过程，即

“炼技—炼艺—炼道”。

技，指的是本领、特长、技术，是一个职人需要具备的最基本的生存能力。通俗来讲，技就是帮助你实现术和道的技能，比如工作中常用的沟通技能、组织协调技能、文案写作技能、销售技能、提案写作技能、职业礼仪等；

艺，指的是策略、方法、领悟、才能、创造性，是技的一种递进和延伸，从本质上来讲，艺是一种对技的精益求精和升华再造；

道，指的是规律、至理，是天地万物必须遵循的最基本法则。“道可道，非常道”，每个人都是独特的个体，别人的成功经验可以参考借鉴，但不能复制。在道家看来，“道”包含天地万事万物的规律，正所谓是“体为用，变幻万千，是为道”。

古人常说：“技进乎艺，艺进乎道。”道，需要的不是反复锤炼，而是领悟，对技和艺的领悟，达到这一阶段，职人修的已经不是技艺，而是匠心。

5. 职人之道——“守、破、离”

真正职人的练就，总要经历三次蜕变：技皮、术骨、匠心，而这三次蜕变，对应着三个阶段——技、艺、道，而要实现技、艺、道的涅槃，则需要职人不断地进行守、破、离。

“守、破、离”的概念源于日本，是日本“能乐”中世阿弥对世人成长的教导，最初只见于日本的传统戏剧，后来被广泛应用于茶道、武道、体育、艺术等领域。

守，是“守、破、离”的第一步，也是最基础最重要的一步。

守，为守护，守护知识，守护“师”的传承。对一个职人来说，“守”既是学习期，也是奠基期。

在职人成长的初期，并不需要创造，只需要通过师徒授受的方式，不断学习，不断重复。学习手艺、技术，学习生活态度，学习工作心得，学习职人的基本操守，学习能够学习的一切，竭尽全力。

守之后，就是破。

破，顾名思义，就是打破，所谓不破不立，破始终都是立的前提。

意味着在突破、创新，意味着在完善中超越。齐白石说：“学我者生，似我者死。”这是告诫后人不能止步于临摹，不能止步于“守”，而要学其神韵，关键时刻能突破。否则，没有“破”，“守”就成了墨守成规，“离”就更无从谈起。

通常，经过漫长的学习之后，“学有所成”的弟子就可以“出师”了。

出师，也就意味着不用再一味地模仿师傅，可以在师傅所传授的基本技艺基础上，加入一些属于自己的想法和元素。

在这一过程中，因为刚刚出师，还缺少经验，“徒弟”难免会四处碰壁，跌倒是正常的。事实上，每一个职人的成长之路都是一条连续的试错之路，不敢尝试，不敢实践自己的想法，不敢面对失败，是无法成为一个真正的职人的。

破之后，就是立，也是离。

离，指的是离开，是脱离，立指的是独立，打破固化思维，不断探索与试错之后，逐渐成长起来的“徒弟”就可以离开师父，自立门户，开创属于自己的流派，走上属于自己的道路了。

如果说“破”属于推陈出新，是横向进步的话，那么，“离”则属于颠覆性创新，是纵向颠覆。

做到“离”与“立”，标志着一个职人真正走向了成熟。但“立”与“离”却并不是一个职人事业的终点，而是起点。事实上，离开之后，见识到的是一个更开阔的世界，要想更进一步，就要正视自身的不足，就必须再次放空自己，去学习，去寻找另一个需要守护的“师”，进而开始第二轮、第三轮、第四轮……第 N 轮的“守、破、离”。

每一次“守、破、离”，都是一次涅槃，它能让职人在成功的道路上走得更远。

日本天皇御用家具职人、高级家具定制品牌“秋山木工”创始人秋山利辉对此深有体会。

秋山自幼家境贫寒，16 岁中学毕业后进入大阪一家颇负盛名的木工所学艺。这是他职人之路的开始，也是他“守”的开始。

在木工所的最初三年，秋山做得最多的事情就是跑腿，他是一个听话的好徒弟，师傅让他做什么，他就做什么，从来不会违背。在日常生活中，他也抓住一切机会，看师傅怎么工作，模仿师傅的手法。渐渐地，他掌握了一个木匠的基本技能，学会了打造普通的家具，三年后，他成了一个合格的木工。

离开木工所，走入社会，秋山开始帮助别人打造家具，因为不想自己打造的家具永远只是师傅作品的“复制品”，他开始尝试在家具中融入属于自己的元素，但由于经验不足、技术不够纯熟，他出过不少错，挨骂更是家常便饭，有时甚至还不得不给顾客一些赔偿。但就是在这样的骂声中，秋山走出了自己的路。在大阪，人们也知道，有一个叫秋山的人打造的家具很精致、很独特。

出师之后的第 10 年，在不断犯错、纠错、改良，再犯错之后，秋山形成了自己的家具设计风格和制造理念，开创了“秋山木工”。

秋山利辉 27 岁时，秋山木工诞生，到他 72 岁高龄，历经 45 年的成长发展，秋山木工已经享誉全球。

这期间，秋山也从一个木工成长为一个真正的木匠。在完善秋山木工的过程中，秋山意识到自己身上还有许多不足，技术上也存在欠缺，年逾古稀的他竟再次走上了“求学”的路，将自己放空，以一个初学者的心态，不断地去学习、去突破、去创造、去融合、去完善，从而开启了另一个“守、破、离”的循环。

秋山如此，其他正在、即将、已经走上职人之路的人也是如此。

在秋山利辉的价值观中——

跟着师傅修业谓之“守”；

在传承中加入自己想法谓之“破”；

开创自己新境界谓之“离”。

“守、破、离”是一种循环，也是一种涅槃，守住了传承，积淀了足够的知识，抱着屡败屡试的心态，不断试错，不断探索，最终在旧知识旧传承的基础上融合自身的感悟，开拓一条属于自己的成长之路，这才是最佳的“职人”养成模式。

“技可进乎道，艺可通乎神。”职人精神追求的是精雕细刻和精益求精之心，是追求卓越不断超越之心，是破除成见不断创新之心。

职人之道贵在“守、破、离”。

6. 心到、神到，方能出神入化

在上海一条不知名的小巷里，有一家“阿大葱油饼”。

店主叫吴根成，被人称为阿大，他做了 30 年的葱油饼，是濒临绝迹的上海老手艺人，被誉为“中国葱油饼之神”。

“阿大葱油饼”每炉只能做 20 个，耗时 30 分钟，每天限量只做 300 个。无论严寒酷暑，无论外边排的队伍有多长，顾客有多么“怨声载道”，阿大始终严守时间和工序，“没法快啊，快了外面焦里面不熟，猪油没化掉，口味就两样了”。

好不容易等到一炉葱油饼出锅，排在前面心急的顾客伸手就要去拿，每当这时，阿大都会提醒：“不许拿！要放 2 分钟才可以，不然不脆！”

“阿大葱油饼”所在的小巷，每天都人潮涌动，有人甚至赶早班地铁，哪怕排上五个小时的队，也要一饱口福。

如今的阿大作为上海的名匠，不仅被央视报道，就连英国 BBC 都慕名而来，为他专门拍了一组纪录片。

30 年不断精进的手艺，是对顾客的尊重，也是对自己的负责。阿大的坚守，为他带来了可观的回报，他在上海先后买下三套老洋房。

如今的阿大已经 65 岁高龄，整个小店只有他一个人忙活，没有学徒和帮工，他不能退休，因为没人能接过他的衣钵。

有人想出钱买他的技术，也有人出高价想搞连锁，都被阿大拒绝了。

在阿大看来，他的手艺没有什么秘密，又不是造原子弹，哪有什么秘术。

阿大说：“这东西要用心做，都好吃的。”一个再简单不过的道理，一个再简单不过的成功之道。

很多人就是耐不住性子用心去做，一辈子都学不会。

星巴克创始人霍华德·舒尔茨曾写过一本书，名为《将心注入》，在书中，舒尔茨强调的一个重要理念：“如果你对自己的工作或任何其他值得为之努力的事业，投入全部的身心，那么你就有可能实现在他人看来不可能实现的梦想。生活将会因此变得很有意义。”

东京有一家名叫“小笹”的小店，面积只有3平方米，产品就两种：羊羹和最中饼。羊羹每天限量只做150个，可年收入高达3亿日元。

很多人早上四五点钟就来排队，将近50年，天天如此。

顾客为何甘愿这样排队购买，来听听食客的说法——

“吃了一口，感觉整个宇宙都要美哭了。”

“吃下一口，仿佛去深海遨游了一次。”

“羊羹里住着锦鲤，吃下，愿望仿佛就能成真。”

“美貌到舍不得吃，但是又美味到忍不住不吃。”

……

“小笹”的老板叫稻垣笃子，在他的世界观中，最好的羊羹，会在制作中的某一刻闪耀出紫色光芒，为了一睹这种紫色光芒，稻垣笃子花了十年的时间。

那一次，稻垣在制作羊羹时欣喜地看到了瞬间闪过的紫色光芒，也是那一次制作的羊羹，终得父亲（也是师傅）的认可。这期间，父亲对他的要求只有一个——要做出最美味的羊羹。

羊羹制作难点在于如何调和出口味如一的产品。因为每天的气温和湿度不同，红豆（原料）的产地和质量不同，每天木炭的状态也不同。所有这些因素都会影响羊羹成型后的味道。

为了找到最佳调和之道，稻垣又探索了十年，终达“技近乎道”、出神入化般的境界，他对此的感悟：“一旦炼制羊羹时，就是我一个人的世界。那是谁都不能打扰的我和羊羹面对面的时候，是只能专注于这件事、心无杂念的时间。忘记工厂或店铺的事、人际关系，以及炎热，全部都要忘记，只是聆听红豆的声音，心无杂念地炼制羊羹。然后，看到紫色光芒时，我就会感到无法言喻的爽快感。”

经过长达30年的苦心探索，稻垣技艺终于超过了父亲。

职人对待自己的工作和作品，就是要达到这种出神入化的境界，通过长期的坚守，“用心、入神”去对待自己的事业，去对待服务的对象，倾注所有情感，让每一项服务、每一件作品都是活的，充满生命，就像是被施加了魔法。

台湾“诚品书店”吴清友说过一番话：“服务的最高境界是精进自己，分享他人。”

无论从事何种类型的工作，职人都需要这样一种姿态：精进技能、精进工作、精进自己，以一颗匠心来打磨自己的事业，打磨自己的心和生命。

一个工人，想要蜕变成工匠，需要一个漫长的、“熟能生巧”的过程，从技到艺再到神，从守到破再到离。一次次的循环与涅槃之后，当技艺纯熟到成为本能，心到神到，自然就能出神入化、登峰造极。

2015年，APEC会议在北京召开，与会的各国元首都收到了一份特别的礼物——錾刻纯银丝巾果盘。

錾刻，是汉族传统的手工技艺，历史悠久，夏商时期，就有錾刻器物流传。

一般说来，錾刻分为平面的片活和立体的圆活两种，技法不同，呈现的效果自然也不同。不过，无论是片活还是圆活，其关键都在一个“活”字上，錾刻工匠们一生追求的最高境界也是“活”。

孟剑锋錾刻的纯银丝巾果盘，隐约中，就有一种“活”的意境。

果盘不大，看上去层次分明，盘子显得有些粗糙，丝巾却带着一种天然的柔和与光感。为了做出这种效果，孟剑锋从不同的角度对盘子錾刻敲击了不下百万次。另外，为了用银丝做出支撑盘子的四个巧夺天工的中国结，孟剑锋反复将银丝加热，在银丝尚未冷却变硬之前迅速进行编织。为此，他的手上烫起了无数的水泡，起了许多茧，留了无数伤疤，但他却不在乎。

曾经有人建议他使用机器制造的中国结来做盘子的托底，孟剑锋却毫不犹豫地拒绝了。他说：“说好了是纯手工制作就得是纯手工制作，用机器算是怎么回事，而且，机器做出的中国结，上面会有细小的砂眼，我不能接受！”说这话的时候，孟剑锋的表情格外坚决。

或许，在很多人眼中，纯银丝巾果盘不过就是个纪念品、观赏品，但对孟剑锋来说，它们却是自己的孩子。它们有喜怒哀乐，有悲伤苦痛，在制作过程中，有一丝一毫的瑕疵，就像是在亲手给自己的孩子“毁容”，这是他无论如何都不能接受的。

正因为他懂每一个作品，对每一个作品都倾注了浓浓的感情，用心、用神去与作品的“灵”交流，所以，他的作品才登峰造极。

像孟剑锋一样的职人还有很多，他们从事的职业不同，做的事情也不同，但他们有一个共同的名字——职人，他们也有一种共同的坚守——用心、入神。

第五章 敬畏入魂：什么才是职人不可替代的

职人，对待工作和作品，有一种宗教般的仪式感。就像日本的锻刀职人，哪怕面对熊熊燃烧的熔炉，也会一丝不苟地穿戴整齐，保持仪容。在他们心里，锻刀车间里供奉着神。

这当然不是一种迷信，而是职人的一种信仰——职人在工作时，要将自己的“心意”和“魂魄”注入作品之中，这正是所谓的“敬畏入魂”。

1. 职人是最不可替代的

日本小林研业公司成立于 1962 年，成立至今，一直都保持着职人的传统——单调、自律、纯粹、坚韧。

公司的注册资本并不雄厚，5 名员工全都是技师，没有一个人擅长营销和造势，社长小林一夫更是一个技术狂和工作狂。

这样一家微小的企业，却创造了一个又一个奇迹，甚至小林一夫敢自豪地宣称：“在研磨领域，小林称第二，就没有哪一个企业敢称第一。”

小林一夫是个典型的工匠，严肃、木讷、沉静、一丝不苟，不擅长管理，也缺少几分世故和圆滑。他没有主动揽过生意，但全球各大厂商都慕名而来。富士通专门找他打磨笔记本电脑外壳，苹果公司无数次向他抛来橄榄枝。

小林研业的职人沉默而专注，没有花言巧语，一步一个脚印走着自己的路。他们执着到执拗，学历或许不高，却用“劳动的双手”，缔造了一个又一个神话。

他们是职人，生活中默默无闻，鲜少出现在公众的视野里，但在各自的行业中却是中流砥柱，无可替代。

在当今职场环境下，很多蓝领、白领，甚至金领都担心保不住自己的工作。如今的职位已经不再受地域或国界的限制，每一个人随时都面临着来自世界各个角落的竞争。而老板们对于员工最有效的恐吓手段之一——你不行，你不干，那没关系，因为外面等着做的人多的是。

相应地，作为员工，为获得职业上的安全感，就要想方设法去通过掌握某项特殊的技能，进而胜任企业组织的某项重要工作，从而提高在企业中的不可替代性程度，以获取职业上的相对稳定。也就是通过个人努力在职场上扩大“势能”，形成无形的影响力和威慑力。这样，当企业考虑替换员工时，会顾忌可能要付出较大的成本损失而“投鼠忌器”。

低薪者从事的多是专业性差、可替代性强的岗位，不断精进、不断学习，是为了增强自己的竞争力，是为了让自己变得不可替代。

对于员工的不可替代性，华声在线总编孙虹钢谈了自己的一次亲身经历：

“怎样在企业中保住自己的地位呢？有一种认为，一定要成为不可替代的人。

“1997 年，我在《中国经营报》时，当时的社长王彦经常说：‘在这里，你要证明自己是不可替代的。但咱私下里说，对企业老板来说，绝对不能有不可替代的员工，如果有谁是不可替代的，那一定是管理出了问题，我一定要把他替代了。我可以分散他，我宁可加一两个人的成本，分散他的责任，不能让他变成不可替代的。’很多中层认为自己可以拿他掌握的客户、渠道、资源跟老板博弈。老板觉得‘这个人我一定得干掉，只不过是时间和方式的问题’。”

当然，要做到“完全不可替代”有些难度，甚至是不可能的，但我们可以不断增强自己的不可替代性，增强自己的分量和价值。通过学习，有针对性地提升自己的不可替代性，明确自身的比较优势，考虑好以下三个问题：

（1）企业最需要什么？了解企业所处发展阶段和业务重点，尤其是对人才的需求重点。将自己的能力优势与企业需求相结合，才会有利于职业发展，彰显个人的不可替代性。

（2）同事最缺乏什么？要客观分析企业员工队伍的素质与企业需求之间的差距，假如在某一领域企业已经拥有大量能力很强的员工，甚至超过了企业的实际需求，那么在这方面就很难做到不可替代。

（3）自己最擅长什么？要对自己的强项、弱项都有一个清醒的认识，在此基础上“扬长避短”，成为某一方面的行家里手。比如，如果你的技术水平很高，就努力成为公司的技术核心；如果对管理很在行，就致力成为企业的管理中坚。

职人的不可替代性，往往并不反映在单项素质上，比如知识、技能、经验、智商之上，更多是独特经历、知识背景、经验和技能的组合。如果这种组合同时满足以下三个条件——

第一，绝无仅有；

第二，在工作中能够创造价值；

第三，具有可持续性和成长性。

那么，这种组合就是你的核心竞争力所在，是你的不可替代性所在。

在《暗时间》一书作者看来，以下知识技能若能形成组合拳，将会增加自己的不可替代性：

第一，专业技能。致力成为一个专业领域的专家，你的专业技能越强，在这个领域就越难以被替代。

第二，跨领域的技能。比如，解决问题的能力，创新思维，判断与决策能力，表达沟通能力，等等。

第三，学习能力。人们常说："纵有家产万贯，不如绝活在身。"绝活何来，要依靠持续不断的学习、精进、思考新知识。依赖于日常工作中一点一滴的学习、积累与实干，不仅要肯学习，还要会学习，具备较强的学习力。

第四，性格要素。一些很重要的性格要素包括：专注、持之以恒、自省（意识到自己的问题所在的能力，这是改进自身的大前提）、好奇心、自信、谦卑，等等。

须知，不可替代性，并不永久。因此绝不能自恃"不可替代性"与上司叫板，事实上，地球离开任何人仍照样旋转。因此，"不可替代性"虽然对于员工个人很重要，但前提是不能对别人构成潜在威胁，越是具有"不可替代性"，越是要有谦恭的态度，否则将成为众矢之的。

《尚书·大禹谟》有云："满招损，谦受益，时乃天道。"谦虚、恭谨、心存敬畏，是一种气质，也是一种品格。

一个谦虚恭谨的人不一定是职人，但每一个职人都是谦虚而恭谨的。

2. 将“魂魄”注入工作之中

在前几年热播一时的军事题材剧《亮剑》中有这样一番对话。

赵刚：我明白了，一支部队也是有气质和性格的，而这种气质和性格是和首任的军事主官有关，他的性格强悍，这支部队就强悍，就嗷嗷叫，部队就有了灵魂，从此，无论这支部队换了多少茬人，它的灵魂仍在。

李云龙：兵熊熊一个，将熊熊一窝。只要我在，独立团就嗷嗷叫，遇到敌人就敢拼命，要是哪一天我牺牲了，独立团的战士也照样嗷嗷叫。我就不相信他们会成为棉花包，为什么呢？因为我的魂还在！

在电视剧中，可以看到无论是新一团，还是独立团，在李云龙的带领下，都极具战斗力。这番对话让我们看到了这种战斗力的根源所在，那是因为李云龙为他的部队注入了灵魂，就算李云龙战死了，他的部队依然所向披靡，决不会因为他的死而涣散，因为他的魂魄还在。

卓有成效的工作和作品，同样需要职人注入“魂魄”。

晶平锻刀道场每年只生产十把刀，但每一把刀却都是纯手工打磨、千锤百炼的。

日本的锻造技术很先进，锻刀时，林林总总的工序不下百道，每一道工序对职人的手艺和精神都是一种考验。别的不说，就以“积沸”来说，刀匠就需要把“玉钢加热锻打至5mm厚度，使用‘水减’工艺，淬火控制钢材中的碳含量，切割成边长为2~2.5cm的四方块，从中再优选出三到四千克制刀的材料。

随后将这些小块叠落锻打，捶打开后再叠起来，不断重复”，其间不能出任何一丝差错，出错就要重新开始。而且，为了保证刀的质量，锻刀工坊中，一年四季都烈焰熊熊，通风口还很小，站在其中，哪怕大冬天光着膀子都会大汗淋漓，但职人在工坊中都穿着整齐的西装，锻造一把刀所需的时间，至少一年。在他们看来，工坊中是有神明的，刀也是有魂的。

古语有云：“器物有魂魄，职人自谦恭。”走进晶平锻刀坊，走近晶平的员工，我们才明白此言不虚，这里的每一个员工皆能实事求是，耐心踏实，在工作上毫不马虎，将自己的“心意”和“魂魄”注入作品之中，工坊里的生产设备到他们手里仿佛变成了他们最普通的日常生产工具。

他们在用行动告诉我们：他们才是生产过程中的主导者，而不是没感情的机器；每一款产品到了他们手里都能变成艺术品，而不是单纯的产品。

文心可以雕龙画凤，匠心可以巧夺天工。当人们倾注全部心力忙碌时，那就是专注专一地追求精益求精的职人精神所在。

敬畏，入魂，这是职人精神的精髓，也是一个职人一生坚守的准则，而要做到这一点，首先就要怀抱一颗为了把事情做好而把事情做好的心，只有这样，职人的作品才能真正地入魂、入心。

“那器皿上的表情栖居着我的精神，安放着我的灵魂。”日本著名陶艺大师花冈隆这样说。

隐居在伊豆的花冈隆鬓边已经多了几许白发，整个人却依旧精神矍铄。他是个地地道道的艺术家，但却不喜欢艺术家这样阳春白雪般的称呼，很多时候，他更喜欢别人称呼他手艺人，或者职人。

“每一件作品都有一个独特的表情，每一次创作都是一次重新 reset 自己的表演。”谈到创作，花冈隆总是自豪的。

他的作品并不华丽，也不细腻，有的时候，看上去甚至有些粗糙，但却永远带着一种扑面而来的清新与自然。

古人常说：“见其字知其人。”看到花冈隆的作品，我们也能很轻易地了解花冈隆是一个怎样的人。

花冈隆的陶艺器皿质朴而简洁，而他也的确是一个向往大自然、闲云野鹤般的隐士。

作品就是一面镜子，能够折射出创作者的性格、心境、际遇和人生态度。

起初觉得很玄奥，接触到更多的职人之后，你才真正懂得这句话的内涵。

一个人发自内心地热爱一项工作，这项工作就是生命的全部。工作和作品对职人而言，不仅仅是作品，还是灵魂的寄体，是精神的栖居，是生命的尊严。

真正的技艺，从来都是“入魂”的，一个德行有亏，素养不够的工匠，心灵会受到局限，是入不了“魂”的，不能入魂，达不到“技进乎道”的境界，一个工匠，也就失去了攀登巅峰的机会。

在日本，很多职人都懂得这一点，也一直在恪守着这一准则，所以，日本的职人才被笼罩上了一层神圣的面纱。

著名女作家三浦紫苑在《编舟记》中重点介绍了这种源自职人的执着：马缔光是一个籍籍无名的怪人，不懂得交际，为人木讷，在辞海编辑部中就是个另类。但编纂辞典《大渡海》的过程中，编辑部的同事却渐渐从他身上看到了一种闪亮的职人精神。他用心、专注、一丝不苟，将编纂辞典看成了一生中最伟大的事业，为了辞典的编纂，甚至差点放弃了自己对林香具矢的爱情。

在职人眼中，万物有灵，无论是做什么工作，作品本身都是充满灵性的，因为作品其实就是自己，其中栖居着职人的灵魂。

职人在打磨作品的时候，打磨的其实不仅仅是作品本身，还有自己的生命与魂魄。

入魂入魄，是一种境界，也是一种感悟。职人入魂，总是能倾听产品的私语，在私语呢喃中，我们也总能领会造化的纯美与和谐。

职人与工人，作品与产品最大的区别，也在于情感的投注。

因为投注了情感，所以，才会不避艰苦，才会全神贯注。

3. 职人对工作永不妥协

一个真正的职人，对生命、对器物、对自己的作品和本职工作从来都是充满热爱的。因为爱得太深，爱得太炽烈，所以，他们不容任何理由与行为对这份爱有所亵渎。这无关乎金钱，是匠人对质量的坚守和对工作的执着，是对工作标准的永不妥协。

名古屋一家国际贸易公司曾经接到本田公司的一个订单：本田公司准备在三年内推出一款新车，这家贸易公司需要为其生产车上的一款小马达。其实，这只是一个小业务。不过，负责这个项目的部长非常重视，并委托中国广东的一家合作工厂来进行生产。为了保证这款小马达的质量，他们专门花费千万年薪聘请了一位日本的电机专家，专门对生产进行监督。每周，这位专家都要在日本和中国之间往返。

就是这样一只看似不起眼的小马达，执行标准都严格到近乎苛刻的程度。这个小马达上一个微不足道的小零件，就需要经过耐水、耐热、耐撬等 37 项检测实验。单是介绍这些实验项目的检测要求和所测产品性能的说明，就写了满满 46 页纸。

虽然这个生产的过程无比严苛，但是第一批生产出来的 3000 个小马达在运到日本之后，被发现有 7 个不合格。部长心急如焚，马上带领电机专家来到了广东的工厂，夜以继日地排查问题的根源，广东这家工厂也检测了所有的生产记录，都没有发现问题。

部长无奈，只好想出了一个“笨办法”。在接下来出产的几批小马达通过出厂检测后，部长决定由日方出资，将进行出厂检测的25名中方员工请到日本，让他们再次对已经通过出厂检测的小马达按照同样的方式进行检测。复查之后，日方会进行最终的检验，以保证所有产品都是合格的。

最终，这家贸易公司圆满完成了本田公司交给的任务，所有的马达质量都过关。但是，由于部长在整个过程中花费了过多的成本，导致这笔买卖不但没有赚钱，反而赔了不少。出人意料的是，这位部长并没有被降职，反而获得了公司里所有人的交口称赞，还被提拔为整个名古屋分公司的负责人。

这位部长虽然把本田公司的这个任务做得非常完美，但是从结果上来说，他让公司的员工和合作伙伴劳神费力了这么久，不但没有赚到钱，反而赔了本。很多人都认为，他肯定会被追究责任。但事后，他却获得了提拔，这也侧面反映出，在日本企业之中，“工匠精神”已经成为上到领导下到员工的共同意识——产品就是生命，顾客就是上帝，产品品质关乎企业的生死。宁可牺牲眼前利益，也不应葬送企业的未来。

收益固然在某种程度上决定着一家企业的运营，但却无法限制匠人对于极致的追求。因为在匠人心中，每一件作品，每一次制作，都只有两个结果，那就是：行与不行！

在行与不行之间，匠人绝对不会做出将就的选择，更不会因为满足数量的要求而放弃对品质的保证。对产品永不妥协，一旦遇到取舍，必定弃量而保质，这几乎成了每一个匠人自我约束的规范。

据说，匠心精神最早体现于古老的手工业者身上。因为在他们身上，虽然收入低下，但你看不到因一丝错误而遗留下来的遗憾，他们对作品力争做到完美。

工作可以赚钱，但是工作不是赚钱的工具，而是要树立一种执着于工作，专注于手中的事情，不断让自己的工作更加完美的精神。

比利时有一场著名的基督受难舞台剧，演员辛齐格是耶稣的扮演者，他几年如一日在剧中扮演受难的耶稣，他高超的演技与忘我的境界常常让观众不觉得是在看演出，就像是真的看到了台上再生的耶稣。

一天，一对远道而来的夫妇在演出结束之后来到后台，他们想见见扮演耶稣的演员辛齐格，合影留念。合完影后，丈夫一回头看见了靠在旁边的巨大的木头十字架，这正是辛齐格在舞台上背负的那个道具。

丈夫一时兴起，对一旁的妻子说："你帮我照一张我背负十字架的相吧。"于是，他走过去想把十字架拿起来放到自己背上去，但他费尽了全力，十字架仍纹丝未动。他这才发现那个十字架根本不是道具，而是一个橡木做成的实实在在的沉重十字架。

使尽了全力之后，他不得不气喘吁吁地放弃了。他站起身，一边抹去额头的汗水，一边吃惊地问辛齐格："道具不是假的吗？你为什么要每天都扛着这么重的东西演出呢？"

辛齐格说："如果感觉不到十字架的重量，我就演不好这个角色。在舞台上扮演耶稣是我的职业，和道具没有关系。"

辛齐格扮演的耶稣就像是耶稣再生，这种效果是与他追求极致的真实、毫不打折的敬业度分不开的。

海尔集团董事长张瑞敏讲过一个故事——

在一家企业里，有两个职责相同的员工，一个来自中国，一个来自日本。一天，公司主管对日本员工说："把桌子擦6遍。"日本员工拿起抹布把桌子擦了6遍，然后向主管汇报道："报告主管，我已经擦完了6遍。"

主管又对中国员工说："你把桌子擦6遍。"中国员工拿起抹布开始擦桌子。按规定擦完3遍后，开始想："干吗要擦6遍，这不是在折腾人么？"勉强擦完4遍，又开始想："这个主管一定有问题，否则不会让擦6遍的。"想到这里，那名中国员工丢下抹布就走了。

中国员工做事不认真、不到位，喜欢偷工减料，因此总是和卓越擦肩而过。

我看过一个德国人煮鸡蛋的故事，他们煮鸡蛋都用煮蛋器，先加满水，用1分钟将水煮开，再过3分钟就关火。关火之后利用余热再煮3分钟，这样把鸡蛋煮到刚刚达到营养价值最高的状态。接下来用凉水泡3分钟，使这个蛋很好剥开。

在德国人看来，这样煮鸡蛋才标准。跟中国人相比，他们节约了五分之四的水、三分之二的热，同时还让鸡蛋达到了最佳的营养状态。

可以看出，德国人煮鸡蛋不像我们用的是“差不多”模糊哲学，而是按照严格的标准和规范去执行，绝不打折扣。

对工作决不妥协，不打折扣，彻底将眼下的工作做到位，做到极致，成长、成功、成就也就会水到渠成，自然出现。

4. 奉献有温度的“产品”

“能抵达美之真谛的只有人，

而造物本身，就是活着。

也因为就算火候不到，

就算笨手笨脚，

只要是人真挚努力做出来的东西，

就让我们喜欢得不得了。”

这是日本当代工艺大师赤木明登在《造物有灵且美》一书中写下的一番话，赤木明登寻访了20位一流的手艺人后，写下了15个“叩问美”的故事，构成了《造物有灵且美》这本书。

其中的一个故事，名为“一件被驯养的衣服”，何谓被驯养的衣服？作者是这样描述的：

“不管是木工制品还是什么，他们只是随意地把身边就有的木头敲钉在一起，或者只是剖成空心拿来当器具。只是简单加工，没有想过要追求精致漂亮，却充满个性，给人留下深刻的印象，让人从随意中还能感受到必然性。敏子应该是从非洲的古道具用品里发现并真切感受到了做东西的本质，所以她的衣服才‘只是一件衣服’。一件衣服穿好多年，衣服慢慢磨损变旧，与人越来越贴合，慢慢地，仿佛在把一件东西驯养成自己的。”

故事中的她，名叫敏子。

起初，由于找不到称心如意的衣服给孩子穿，于是敏子开始亲自做衣服，还开了一间“monSakata”服装店，等孩子长大成人后，她又转型做女装。

敏子做衣服，习惯跟随自己的心意，她的每一件作品都是当下她最想要做的衣服。“我只是从日常生活中理所当然的事开始做而已。不勉强自己，不为难自己，慢慢地一心一意做好当下力所能及的事就好。和到手的丝绒与布匹面对面、心对心就好。”

达到这种境界，不是一件容易的事，中途少不了迷茫与挣扎。

赤木明登也经历过这样的迷茫。

1994年，出师自立后的赤木明登，虽然清楚自己的目标是做出和其他漆艺大师不同的作品，但是他找不到出路，寻不到入口。

一天，赤木漫不经心地看着在厨房做蒸蛋的妻子，妻子做蒸蛋，仅仅是因为孩子们喜欢吃，没有别的理由，于是她就做了。

“说不出是什么感觉，为什么会这样？”

那一瞬间，赤木像是被什么东西触动了，突然有一种想哭的感觉。

“对啊，就这么简单，只要做自己喜欢做的，只要做当下能做的，就很好……这么简单的道理，直到那个瞬间我才终于明白。”

赤木明登终于彻悟了。

走心、入魂，有温度产品的造就，大概都需要这样一种境界，需要职人一定程度上的彻悟。

为了喜爱的事物，认真生活，全神贯注地工作，这是匠人的常态。

樊能娟是一个80后女生，性格直率，爽朗大方，在生活中不拘小节，但在工作中，她的细致令人惊叹。

在景德镇浩如烟海的陶艺师群体中，樊能娟并不起眼，但她的蕾丝陶瓷作品却独树一帜，格外引人注目。

用陶瓷做蕾丝，这个想法很大胆，做起来也很难，一般的陶瓷模具根本做不到蕾丝所要求的精度，所以，每一个作品的花边，都是樊能娟手工雕琢的。雕花边最常用的是针，有时候还有尖尖的笔。每一个陶胚要做好都需要七个小时以上，陶胚入炉后，还要掌握好火候，有任何一丝细微的疏漏，陶胚就会被烧废，之前所做的一切工作全部付诸东流。

很多时候，为了做好一个蕾丝陶杯，樊能娟要反复雕刻、烧铸十多天，产品的产量极低。有时，烧一批产品不仅不赚钱，反而会赔钱，但樊能娟本人却乐此不疲。

她说：“我喜欢翻糖蕾丝蛋糕，做蕾丝陶杯也是我的爱好，我的愿望就是一生都做自己喜爱的事情，倾注自己的灵魂，奉献有温度的作品，不管是成功还是失败。”

樊能娟如此，很多如她一样平凡而又认真的匠人也如此，或许，他们一生都默默无闻，没有什么亮眼的成就，但单单那一抹暖人心肺的笑容，那一件件令人感动的、有温度的作品，就足以让历史将他们铭记。

职人精神的本质是专注和持久，职人悉心打磨出的东西、完成的工作，带着人的温暖和感情，会更有温度一些。

5. 止于至善，视声誉为生命

“鼎泰丰”是中国台湾的餐饮品牌，出品的小笼包被称为“全球第一包”，被美国《纽约时报》评选为全球十大餐馆之一。

如今，在各种台湾旅行套餐中，“鼎泰丰”已经成了一个不可绕过的景点，就连著名影星汤姆·克鲁斯都专门跑到“鼎泰丰”学习如何制作小笼包。

原本是中国江南地区传统美食的小笼包，何以名扬天下?

最核心的秘诀是产品过硬。

“鼎泰丰”小笼包制作过程的每一个环节，都充满了匠心——

“鼎泰丰”的每样餐点都有SOP（Standard Operation Procedure，即标准化作业程序)，且每个环节都规定了标准“温度”，比如元盅鸡汤和酸辣汤的最佳温度是85度，才不至于烫口，肉粽则必须提高到90度，确保猪肉块熟透。

“鼎泰丰”的主打产品小笼包制作标准极其严格，必须坚持“5克皮，16克馅，18个褶，总重量要达21公克，入蒸笼4分钟后才可上桌”的标准。每个包好的小笼包，重量只允许0.2公克的差距，为了确保产品的标准化，包前的材料和包完的成品都要测量。

包个包子而已，有必要这么“较真”吗?

“鼎泰丰”的接班人、董事长杨纪华的回答：“只要是跟客人体验接触到的东西，我们都尽所能提供最好的，止于至善，就是这个意思。”

止于至善!

职人大多都是完美主义者，对自身的产品，对自己所从事的职业和工作有着一种非同寻常的热爱与忠诚。这种热爱，使他们专注，也使他们容不得半点瑕疵。这种情结，在日本尤其明显。

对日本职人来说，产品质量不过关就是一种侮辱，这种侮辱，不只是工作上的，还是人格上的。

轴，是北京土话，意思是固执、认死理、一根筋。

一个职人，在日常生活中或许是平易近人的，凡事都不计较，但在工作的时候，却绝对是死脑筋、认死理，事关品质的问题，差一点都不行。

丰田的精益生产就是这样一种典型的“轴”，产品出现一丝细微的瑕疵，就会亮红灯，亮了红灯，必须销毁，哪怕为此报废一辆车，也在所不惜。

“丢东家不丢手艺”，这句话就是我国古时候手艺人的口头禅，也是匠人必须要遵循的一条游戏规则，这条规则是匠人“视声誉为生命”的表现，在必要的时候，为了维护客户的利益，他们宁可让东家在材料或其他方面受一点损失，也要尽力把器物制作好，而不能因为担心受损而偷工减料，坏了声誉，这就是所谓的“丢东家不丢手艺”。

《考工记》有言：“凡陶旊之事，髻垦薜暴不入市。”意思是：凡制作的陶器皿器，斜状、有损伤、破裂、鼓泡的产品，概不入市销售。

工匠们悉心于良工，会自殊次品。

日本有一句这样的俗语：“先尽人事，后待天命。”哪怕再细微的工作，也不要糊弄了事，糊弄工作的结果只能是聪明反被聪明误。

我看过《乔布斯传》，幼年时乔布斯的命运很悲惨，被父母抛弃，养父收养了他。乔布斯的养父是一名木匠，做家具的时候，他父亲不同于其他木工，家具靠墙的暗面和下面的板面也会用上好的木料。乔布斯不解，问父亲：“那些暗面的模板我们根本看不见，为什么还要用好木头呢?”

养父说：“如果你知道咱们家这个柜子后面板是好木头，和你知道咱们家柜子后面的板是坏木头，你对这个柜子的感觉是不一样的。”

这个回答影响了乔布斯的一生，也影响了乔布斯对产品的定义。极致，真的是做到了极致。你看不到的地方都做到了，更何况你看得到的地方。

乔布斯对“产品”的理解是什么呢？1997 年乔布斯重返苹果，第一次公开演讲，他就对苹果的产品毫不留情地大加批判，说："苹果的产品糟透了！它们没有灵魂！"乔布斯回归之后，开始致力于打造有灵魂的产品。

在看似微不足道的工作中，在不为人注意的地方，在老板不在的场合，也能做到不糊弄工作，不糊弄老板，尽心尽力，做足一百分。

能做到最好，就不允许自己只做到一般。能完成100%，就不能只完成99%，能尽到100%的心，就不尽99%的心。

这样的员工，终有一天会脱颖而出。

一个朋友从事房地产策划工作，给我讲过他的一次亲身经历：

"繁华的街道交叉口，分散着一些散发某楼盘广告的年轻人。

"我走了过去，一个学生模样的女孩，来到我面前，一下递给我两张广告宣传页。我就问：'为何给我这么多呢？'女孩腼腆地笑了笑说：'我们都有固定的任务量，早发完，早下班。'

"这么大热天站在街上发宣传单，确实是一个辛苦的差事，她的做法好像能理解。

"继续往前走，我才发现刚才那个女孩的做法并不过分，有些年轻人，完全无视我手中已经拿到的宣传页，竟然一下子塞过来五六张。

"有些'聪明'的年轻人，对着来回穿梭的自行车、电瓶车车筐投掷广告宣传页，据我观察，其成功率只有50%，余下的则散落在街道上，被风吹得到处都是。

"更有甚者，有人看到路过骑着环卫车的环卫工人，竟然抓起一把宣传单就一股脑扔进垃圾车。

"接下来一个路口，一个男孩引起了我的注意。他手上还捧着一大摞广告宣传页，比其他人都要多。原来，对于过往行人，一人一张，决不多给。且对那些看上去明显不像潜在客户的行人，他也不发放。对接纳自己广告宣传页的行人，则报以真诚的微笑。

"我快步上前，想索取广告。他看了看我说：'大哥，您手上已经有一份了，内容跟我这些都是一样的。'我掏出一张名片，告诉他：'明天到这个办公室来找我吧！'

"这些年轻人其实都是公司从各个高校应届毕业生中招聘的新员工，我是受老板所托，前来暗中考察他们，寻找一名做事踏实、不糊弄事的人来做主管。”

我在一篇文章中看过这样一句话：“生活是真枪实弹的战场，糊弄过去的东西总有一天会露出马脚。”

工作何尝不是如此，你糊弄工作，也终有一天会露出马脚。

6. 职人的终身受雇力

在《世界是平的》一书中，作者弗里德曼指出："如果你希望自己和孩子有竞争力——不管你是 SOHO 族，还是企业员工，至少要具备以下四点中的一点：非常特殊、非常专业、非常深耕、非常会调适，这是给你的良心建议——这年头不可能再有终身雇佣了，只有终身受雇力。"

在竞争激烈的当今社会，没有哪一个人敢说自己能终身受雇。但可以通过掌握相应的知识和技能，来提高自己"终身受雇的能力"，这样就能够在激烈的竞争中一直立于不败之地。胜任力，其实就是终身受雇力。

那么，什么是弗里德曼所言的"非常特殊"呢？就是拥有特殊才能者，如贝利、奥沙利文、刘翔等拥有特殊技能的人；所谓"非常专业"，顾名思义是指律师、会计师、医生、编程人员、设计人员、精算师等专家；而"非常会调适"，则是指那些善于通过学习、不断充实知识与技能，并以此来应对外界变化的人；有道是"三百六十行，行行出状元"，"非常深耕"体现的就是这一点，也就是各行各业中的"状元"，比如顶级造型师、调音师、厨师、调酒师，等等。

具备"四个非常"才华的职人，意味着同样的工作，他们能比别人做得更完美，也就是要有绝活在身。

瑞士日内瓦一家五星级大酒店里有一个小厨师，看起来非常憨厚，一副与世无争的态度。在酒店里，谁都可以对他吆三喝四，他的人际关系非常恶劣。他看起来也没什么突出的优势和长处，也做不了什么上得了大场面的拿手菜，因此，在后厨，他经常被当作下手对待。

要说他还具备一个唯一的优势，就是他会做一道非常特别的甜点，而他做的这道甜点偶然被一位长期包住酒店的贵妇人发现，她品尝后，十分喜欢，特意约见了做这道甜点的小厨师。贵妇人虽然长期包了一套最昂贵的套房，一年中也只有不到一个月的时间在这里度过，但是，她每次到这里来，都会指名点那道小厨师做的甜点。

从此以后，小厨师的地位彻底改变了，再也没人对他指手画脚了，不仅同事对他非常尊重，就连上司都对他非常客气，他在酒店里如鱼得水，就像有特别硬的后台和背景一样。

后来，由于这家酒店不断进行经营风格上的调整，几乎每年都要裁去一定比例的员工，遇到经济低迷的时候，裁员的规模会更大。然而，这位不起眼的小厨师却年年风平浪静，稳坐钓鱼台。

“纵有家产万贯，不如绝活在身”，绝活几乎是职人牌的一个标配。

职人的受雇力是各项综合素质的集成，表现为高度的胜任力。

1993 年美国心理学家斯班瑟提出：素质在个体特质中扮演着深层且持久的角色，而且能预测一个人在复杂的工作情境及担任重任时的行为表现。此后 Hay 集团提出了与职位相对应的胜任素质模型，也就是著名的“冰山模型”。“冰山模型”由美国著名心理学家麦克利兰于 1973 年提出，他将人员个体素质分为表面的“冰山以上部分”（包括基本知识、基本技能，是外在表现，比较容易测量，也易于通过学习来改变、提升）和潜藏的“冰山以下部分”（包括社会角色、自我形象、特质和动机，是人内在的、难以测量的部分，难以通过外在影响而改变，却对人的行为和表现起着关键影响）。在“冰山模型”中，职人胜任素质是由以下要素构成的：

构成要素	详细描述
知识	指个人在某一特定领域拥有事实型或经验型的信息
技能	指个体能够有效运用知识完成某项具体工作的能力
自我形象	指个体对自身状态感知能力，它包括对自己的长处和弱点、思维模式、解决问题的风格，与人交往的特点以及对自我角色合理定位等的认识

（续表）

构成要素	详细描述
社会角色	即个体在公共场合所表现出来的形象、气质和风格
品质	包括气质、性格、兴趣等，是个体表现的一贯反应，如性格内外向、不同的气质类型等
动机	指推动个体为达到某种目标而采取一系列行动的内驱力，如成就动机强烈的人会持续不断地为自己设定目标并努力达到

该模型之所以被称为“冰山模型”，在于个人能力仿佛冰山，相对应地，浮出水面的部分象征着一些专业知识、技能等表层特征，这些特征只是对一个胜任员工的最基本要求，而且他们也是容易培养、容易感知和判断的，也正因为如此，它们并不能用来决定或判断一名员工工作中是否有突出的表现；而埋藏在冰山下面的则是品格、动机、态度、行为习惯和价值观那些深层次胜任特征，它们才是与高绩效密切相关的。

可见，冰山下面的东西，是不可忽略的。就像两个刚走出大学校门的毕业生，他们的起点基本一样，但两三年之后，他们之间的差距会被拉得很大。有可能其中一个人平步青云，而另一人则一直在原地踏步。导致这种巨大反差的根本因素，就是那些隐藏在冰山之下的东西，也就是一个人的品格、态度或价值观等深层次因素。

因此，评判一个职人是否具备终身受雇力，是否能创造卓越的业绩，是否能够取得不断进步，关键是要看他们身上是否具备这些胜任特质。

提升终身受雇力，心中要时刻牢记以下几个问题。

第一，你是谁？

你是谁？考察的实则是员工的家庭出身、教育经历、专业背景、工作经验、以往职位、工作成就。

这些是个体受雇力的基本构成要素，属“智商”层面。反映的是被雇佣者的专业素养和个人底蕴。这种素质能让被雇佣者通过用人单位的海选，获得面试邀约。

第二，你为什么会在这里？

这里要审视的是员工当前人生和职业定位、选择的问题。这个问题，会随时变化，比如某个阶段，被雇佣者追求的可能是稳定的收入、自我能力的提升、自身短板的弥补、专业技能的完善、工作经验的丰富，等等；在另一个阶段，他们所渴望达到的或许又是获得尊重与认可、获得职业上的发展提升、实现财务自由、实现更高层次的追求，等等。

此外，它还有一层更现实的意义，即员工给用人单位留下的总体印象是什么，它包含个人形象、气质、谈吐、沟通力、心态等，它们是企业对员工身价的一个最直观判断，甚至比那些所谓的经历和资历，更具说服力，更有决定性。

这是受雇力的核心构成要素，属“情商”层面。给雇佣者的是一种面对面的直观展示，会直接决定被雇佣者能否成功将自己推销出去。而雇佣者在是否雇佣以及如何出价的决策中，会掺杂进个人喜好与阅人技巧，更多的是凭借一种直觉。甚至是在对方没有任何介绍、任何解释的情况下，完全凭直觉产生的第一印象。

当面沟通过程中，被雇佣者给雇佣者的第一印象至关重要，它是个人形象、底蕴、气质的综合展现。

第三，你要去哪里？

要去哪里？与被雇佣者未来的职业追求、职业定位、职业规划密切相关，老板会结合被雇佣者过往工作更换的频繁度、每份工作坚持时间的长短、以何种姿态面对自己的工作，来推测其秉性和耐力，是否朝三暮四、心无定性、这山望着那山高，从而来对其进行定位、定性，并给出相应的待遇、职位及未来培养计划。

这是受雇力的补充要素，可以视其为“职商”层面。其内涵表现在四个方面：一是职业化的工作技能，也就是“像个做事的样子”；二是职业化的工作形象，也就是“看起来像那一行的人”；三是职业化的工作态度，即“用心把事情做好”；四是职业化的工作道德，就是对基本道德、修养、信誉的一个坚持。

以上三个层面的问题，是受雇者的三个“卖点”，是受雇者自我推销的三个切入点，也是个人受雇力的外在体现。

第六章

谦恭自省：“匠”字，三面封闭，还有一个出口

职人匠心，我们看“匠”字，属半包围结构，中间一个“斤”，外面三边包围，留有一个出口，意味着职人在自己的世界里精进钻研的同时要留一个出口，接触外界，与时俱进，学习创新。

职人都是虚己者，有一颗谦虚之心，实事求是，不盲目自大，虚怀若谷，能够认识到自己的短板与不足，这是职人不懈追求卓越和极致的驱动力。

1. 匠心是虚心，实事求是

虚己者进德之基，谦虚、虚心，从来都是向上的不竭动力。

或许，不是每一个虚心的人都是匠人，但所有的匠人都是谦恭的。因为，匠心首先是虚心，虚心是匠心的基础。一个不懂得谦恭的人，是无论如何都不可能成为匠人的。

卢拉，祖籍巴西东北部的伯南布哥，7 岁时随父母迁居圣保罗。因为家境贫寒，经济拮据，小卢拉 12 岁就开始在街头帮人擦皮鞋赚钱，13 岁时，他找了一位街头修鞋师傅做师父。师父原本要求他学满一年，可是小卢拉只用了三个月就把技艺学得差不多，于是告诉师父要另起炉灶。

师父留不住他，就送给他一套修鞋工具，并告诉他，遇到难题尽管来找自己。小卢拉嘴上答应着，心里却想：修鞋这么简单，哪里会有什么难事。

他在集市另一头摆了一个修鞋摊，师父送给他的工具就是全部家当。那是个物资匮乏的年代，一双鞋往往要缝缝补补好多次，所以修鞋生意的市场比较大。他一摆好摊位，生意就上门了。他一边招呼客人，一边钉掌、补裂缝和破口。因为他年龄小，招呼又热情，还不乱收费，生意很快就有了起色，甚至一些原来在师父那里修鞋的人也去他那里修。

之后的三个月，卢拉忙着赚钱，竟然没想起过师父，也从来没去过师父的摊位看看，哪怕两人相隔只有十几分钟的路程。有时候他想起临别时师父说的话，就忍不住在心里暗笑，看吧，简单的修鞋哪会有什么难事！

有一天，一个衣着时尚的女孩来修一双刚买不久的红皮鞋，上面被刀划出了一道口子。女孩要求卢拉一定要把鞋修补好，而且不能让人看出修补的痕迹，花多少钱都可以。卢拉觉得这个要求荒唐又可笑，想要拒绝，女孩却走了。

女孩走后，卢拉冥思苦想了很久也无从下手，只能去请教师父。师父接过那双鞋看了看，从货箱里找出一块黄色皮料，很快就用剪刀剪出了两朵黄色的牡丹花。师父把其中一朵绣到了那道刀口上，在另一双鞋的相同位置也绣上了牡丹花。

卢拉惊呆了，因为师父修好的鞋真的看不出修补的痕迹，像是新的一样！他忍不住问师父怎么会有这么好的办法，师父看了看他，缓缓答道："只有虚心，才能获得匠心啊！"卢拉顿时红了脸。

只有虚心，才能获得"匠心"。卢拉从此谨记师父的话，遵循着谦逊谨慎这一人生信条，最后竟然从修鞋匠成长为巴西人民最敬爱的总统，整个世界也都记住了他的名字：路易斯·伊纳西奥·卢拉·达席尔瓦。

道无止境、学无止境，职人之道，最首要的还是虚心。

小野二郎做的寿司，已经做到了"值得人一生等待"，但他总觉得自己做得还不够好；雷克萨斯已经为一个车门把手耗费了三年的精力，但丰田本部还觉得它不够完美；胡双钱早就成就了"金属雕花"，但他觉得自己还差得远……

知足常乐，对匠人来说，实际上是一种亵渎。秉承着与生俱来的固执，他们一直走在钻研探索的道路上。他们相信，在这个世界上，从来都没有最好，只有更好。

34岁的英国人西蒙，曾经接到过柏林爱乐乐团的邀请，希望他能出任乐团的首席指挥，而西蒙竟然毅然决然地对这项殊荣说不。

以至于，英国《太阳报》批评他懦弱无能，认为他是在给英国人丢脸。

西蒙不为之所动，只是更加努力地修炼古典音乐，在心无旁骛中提升自己的修行。数年之后，当爱乐乐团的橄榄枝再一次向他伸来时，西蒙勇敢地选择了接受。他深知，只有舍掉了自己的不足，更精进一步，他和爱乐乐团彼此才会更上一个新台阶，才能彼此成就。

在西蒙看来，自己与柏林爱乐乐团的结合就仿佛是恋人间的吸引，如果自己不能将乐团带至一个全新的境界，那么他宁愿选择放弃。

是职人谦卑的心教他看清自己的真实能力，不被名利左右，更不被外界的批评声音吓倒。

《易》云：“谦，德之柄也。”常怀一颗谦卑的心，它教会你低头去进步，去改进自己的不足；低头的姿态不是一种退缩，而是为了更好地进取修补，精进提升。

职人最深的体会莫过于：做得越多，看得越多，感悟得越多，就会越觉得自己很浅薄，越觉得自己需要学习提升的更多，越来越觉得要谦卑。

在这种心态熏染下，有些职人即使已经到了让人高山仰止的境界，他们对自己所做的事情并不吹嘘，实事求是。

“江户切子”是一种传统的玻璃雕刻技法，从日本江户时代流传至今，东京都浅草的尾岛先生家中三代均以此为生，其手艺传承最早可追溯到天保五年（1834 年）。在被问及数十年如一日做着同样的活计，手艺是否已经到了炉火纯青的水平、有没有感到厌倦时，他反问：“怎么会感到厌倦，还有那么多东西没有学会。”

创办于昭和 22 年的“博多人形会馆松月堂”，职人师傅宗田先生曾经在日本天皇面前表演过，对此他只是一句带过，从来不当作炫耀自己的话题，相对的，为当地的宗教活动制作神像反倒让他津津乐道。

在职人的世界里，适度谦卑有益无害，但过分谦卑，甚至于屈膝、顺从、低微、降低身份，做事放不开手脚、自觉低人一等、仰视同事领导，就有些矫枉过正了，反而会迷失自己，让别人有距离感，把你当成局外人。

南非灵修作家慕·安德烈在其《谦卑》一书中定义“谦卑是受造者的荣耀”，“谦卑应渗透于生命和生活的每一部分，成为人与神之间的唯一关系，否则人无法真正住在神里面，更无法经验神的恩惠和圣灵的能力……”此时，谦卑已是一种深刻体认自己在上帝面前一无所有的虔诚。

职人的谦卑也当是这种境界，是一种深刻体认自己在手艺、技能、经验、能力面前的一无所有的虔诚。

2. 将学习和钻研当作一种信仰

华为终端 CMO 邵洋说过这样一番话："美国人把东西做出来，日本人做好，韩国人做便宜，中国人把东西做死，比如说电视机、小灵通等产品都是如此。"

善于学习和钻研，历来是日本职人精神的一个集中表现。日本职人从来不是闭门造车，他们善于从世界范围的广度来关注技术发展的状况，不断地学习世界范围内的最新技术，通过刻苦钻研，要么与自己原有的技术相结合，要么根据自己对于技术和市场需求的理解将新技术予以完善提升，做得更好、更极致。

美国人发明了半导体，但是索尼公司通过学习钻研，将它内化为自己的技术，缩小体积，在民用市场上获得了极大的成功。

欧洲人发明了汽车，日本这个汽车行业的后起之秀，却把自己的汽车前辈逼得惊慌失措。

美国人发明了 CCD 传感器，日本人却研发出了自己的单反相机，称霸全球单反相机市场，不论是名声和市场影响力，都远远超过了欧洲和美国老牌企业。

英国人发明了抽水马桶，日本人把它改进得更人性化，吸引中国人大老远跑到日本去买马桶盖。

……

学习和钻研，是职人的信仰。

要想将一件事情做到极致，背后非要有信仰的力量做支撑不可，任何事情都不例外，学习也一样。

国内著名的职业培训机构尚德有一句经典口号："学习，是一种信仰!"

被誉为"俄罗斯科学史上的彼得大帝"的罗蒙诺索夫说："现在，我怕的并不是那艰苦严峻的生活，而是不能再学习和认识我迫切想了解的世界。对我来说，不学习，毋宁死。"这是一种何等的境界，学习对于他，确实已经成了一种使命、一种责任，成为终生不懈努力的奋斗目标和精神追求，成了一种信仰。

就宗教而言，信仰是忠贞，对于学习，它是一种执着！是的，只有把学习当作一种信仰，才能让人对学习产生一种宗教般的虔诚和敬仰，增添对学习的向往和渴望。

在信仰力量的驱使下，我们看到了：

能背诵《史记》的史学大师钱穆；能背诵《左传》《论语》《大学》《中庸》《诗经》的张恨水；将《儒林外史》读了100多遍、《红楼梦》读了70多遍的文史学者曹聚仁；能够全书背诵《红楼梦》、在狱中靠背诵来批注《红楼梦》几乎一字不差的胡风先生。

毫无疑问，这些大师级的人物确实是将学习当作了自己的信仰，也只有将学习当作一种信仰的人，才能够取得事业的大成。

有一个非常强壮的伐木工，前往一个木材公司应聘，经过面试，老板给了他一份待遇相当不错的工作，工作条件也非常好。这位伐木工也决定尽力把自己的工作做好。

很快，伐木工便带上工具，前往老板给他指定的区域，开始了工作。他工作非常卖力，在开始的很长一段时间内，他每天都能砍伐20棵左右的大树，老板对他非常满意。并不断对他说："干得不错，小伙子，祝贺你！就这样保持下去。"

伐木工每次听了老板的话都深受鼓舞，工作也变得更加努力。但过了一段时间，意想不到的情况出现了，这一天，伐木工只砍伐了15棵树。第二天他加倍努力，却只砍伐了10棵树。日复一日，他砍伐的树木越来越少。

"难道是自己不行了，越来越没有力气了?"伐木工暗想。于是他去向老板请教，跟老板说他不明白到底是怎么了。

"你上次磨斧子是什么时候？"老板问。

"磨斧子？我没有时间磨斧子呀。我一直都在忙着伐木……"

这个小故事要说明的道理是，你在工作中要适当地停下来，不断地去学习，去补充新的知识，否则，即使再努力，工作业绩也难以取得很大的突破，相反，工作成效还很可能会每况愈下，就像那个伐木工一样。

俗话说"磨刀不误砍柴工"，磨刀是为了更好地砍柴，充电、学习是为了厚积薄发、更好地前行，职人应该具备学习的主观愿望，将学习当作一项终身事业。

短暂的学习钻研激情靠兴趣，持续的激情靠信仰。这里的信仰是一种信念，一种强大的精神支柱。施华洛世奇的品牌创始人——丹尼尔·施华洛世奇凭着几十年如一日对水晶制作的不懈钻研和追求品质的信念，创造了施华洛世奇水晶的传奇。

不论是工作，还是学习，要想取得一个极高的成就，唯有将心注入，持之以恒，将之作为一种信仰，舍此，别无他法。

美国有一个总统叫卡尔·斯库利提，他讲的一段话对我影响很深，今天我就把这句话送给大家："世界上什么东西也代替不了持之以恒，才华不能够，因为没有什么比不成功的才子更司空见惯；天赋也不能够，因为这个世界上到处是受过良好教育的乞丐。唯有决心和持之以恒是万能的。"

一时的学习热情容易做到，把高涨的学习劲头保持一天或者一周，也不太难。但你我要做的是，将之养成习惯，让它成为一种信仰，进行终身学习。

"吾生而有涯，而知也无涯"，"路漫漫其修远兮，吾将上下而求索"。古人所讲，恰恰可以用来概括当今的终身学习理念，那就是把学习和生活融为一体，使学习成为一种个体发展的必然需要。

学习和钻研，还要讲求方法，马寅初的观点很有指导意义——

"学习和钻研，要注意两个'不良'，一个是'营养不良'，没有一定的文史基础，没有科学理论上的准备，没有第一手资料的收集，搞出来的东西，不是面黄肌瘦，就是畸形发展；二是'消化不良'，对于书本知识，无论古人、今人或某个权威的学说，要深入钻研，仔细咀嚼，独立思考，切忌囫囵吞枣、人云亦云、随波逐流、粗枝大叶、浅尝辄止。"

3. 职人的吃亏心态

有“职人精神”的人会吃亏吗？短期也许会，但长远看他们的付出会收到几何级倍数的回报，会赢得人们的尊重，这叫“吃亏是福”。

人的小聪明和大智慧，区别在于——

小聪明的人，不吃亏，锱铢必较，利在眼前；

大智慧的职人，具备“为了把事情做好而把事情做好”的单调与自律精神，能够做到长期不计报酬地全身心投入，而埋头前行，功在以后。

《鲁班学艺》中讲了这样一个故事：

鲁班去深山拜师学艺。

师父收下他，直接丢给他一套锈迹斑斑的工具，让鲁班去将它们磨锋利。鲁班二话没说，连续花了十二个昼夜，将这堆工具磨锋利。

师父又给他一把斧子，让他将山里一颗巨树砍倒，鲁班又用了十二个昼夜，完成了师父交办的任务。

师父让鲁班将砍倒的大树分成大柁，再用刨子将大柁刨光滑，这些活计又花去了鲁班十二个日夜。

看着又光又滑的大柁，师父让他在大柁上凿孔：六百个方的，六百个圆的，六百个楞的，六百个扁的，共计两千四百个。鲁班又花了十二个日夜将孔按标准凿好。

做好这些基本功，师父将鲁班带进了一间房子，里面摆满了各种精致的亭台楼阁模型。鲁班看了这些模型，爱不释手，废寝忘食地研究，数年之后，他又按师父的吩咐将这些模型全部拆装三遍，没有任何投机取巧。

看着拆装完毕的模型，师父不动声色，而是一把火将所有模型付之一炬，然后命令鲁班根据记忆再做一套模型出来。鲁班又花费数年时间，终于做出了一套同样精致的模型。这时，师父终于眉开眼笑，对鲁班说你可以下山了。

职人之所以艰苦，是因为前期的学艺过程十分漫长，且看不到回报，甚至看不到希望。在这个过程中，职人所做的许多事情，付出的许多努力，看上去也许没有产生实际价值，或者说好多事都是在简单的重复，但这些都是一个绕不开的精进过程，是不得不吃的亏，就像鲁班学艺的过程一样。

我看到更多的人是抱着打工心态混迹工作中，能偷懒就偷懒，能投机取巧就取巧，对于出力不讨好的工作，他们会聪明地推掉。他们在工作中走马观花、浅尝辄止，以为简单摸摸工具、砍倒一棵树、心不在焉地观摩一下模型，自己就出师了，殊不知自己根本还没入行。

能长久耕耘其中的，一定是崇尚"吃亏是福"的真正职人，是踏实去做，踏实去学的人。唯有以日积月累之功，埋头其中一点一滴进步，才能成长为一个手艺好的职人。

大学毕业后，我进入一家私企的策划部工作。入职不久，公司接到了一个大单，有十个策划案需要在一周内完成。算上我这个新人，策划部包含主任在内一共五名策划师，照常理分配的话，应当是一人负责两个项目。

由于完成策划案的数量直接和奖金挂钩，结果在由老板参与的任务协调会上，大家争先恐后，从中挑选自己中意的项目。

由于我是新员工，不太好意思去争取，结果到最后，有一个人抢到了三个项目，另外三个人则分别拿到了两个项目，留给我的只剩下一个，还是一个最难啃的骨头。

我心里多少有些不平衡，但未表现出来。老板最后也发现了问题，但不好再推翻重来，就安慰说以后再有新项目会向我倾斜一下。

对老板的说辞我也没太放在心上，我的任务量小，首先完成。出乎预料的是，由于公司要赶整体进度，而其他同事的任务尚未完成。老板比较着急，就安排我去给别的策划师帮忙，我心里虽然不爽，但考虑到闲着也是闲着，就当作是在老板面前表现一下自己吧。

后来，整个项目如期完成，老板很高兴，但没再说什么。

大概两个月之后，公司拿到一个空前的大单，单独做下来的话，策划人员能拿到四五万元的奖金，这个数目在当时（2006 年）还是很有诱惑力的，因此策划部所有人都跃跃欲试。

结果呢？老板绕过策划部主任，直接把这个项目安排给了我。一来，算是对之前我“牺牲”个人利益、顾全大局的一些弥补；二来，我入职几个月来的工作也得到了老板的充分认可，而且新项目比较符合我的特长和专业方向。

另外，其他同事由于在上一次集群项目攻坚上，多少都得到过我的帮助，也就不好多说什么了。

一个月之后，我做的新项目得到甲方认可，拿到了极为可观的奖金。

好汉不吃眼前亏，这个道理也适用于工作。

时刻精于算计个人利益，个人利益未必会得到保障。

吃些小亏，适当牺牲个人利益来顾全大局，照顾公司利益、老板利益，个人利益也未必就一定会有损失。

老板掌控全局，他们大局意识、全局观念当先，在维护公司整体利益的时刻，难免会对某些员工的个体利益造成影响。在这种情况下，当事人如果斤斤计较，不愿退让，会让老板为难。相反，如果员工不太计较一时的利益损失，老板会很欣慰。这样的员工，老板是不会遗忘的。甚至一些细心的老板，会想方设法在某些场合给受损员工以补偿。

在市场经济时代，考虑个人利益没有错，问题是如何把握好尺度，不可过于算计利益，算计一时利益的得失。

我很欣赏这种心态——

“我没有过困境，因为我从不在乎一时的外在得失，也不武断地和别人比高下，而只在乎自己内在真实的累积。

“我没有过困境，因为我确实了解到：生命是一种长期而持续的累积过程，绝不会因为单一的事件而有剧烈的起伏。

“同时我也相信：属于我们的，迟早会得到；不属于我们的，即使一分也不可能增加。”

利益的得失是此消彼长，是相对的。眼光太局限于当下的利益，你很可能会失去长远的利益。对当下的利益不怎么放在心里，你收获的可能是更大的未来利益。

吃亏只是暂时的，这个社会不会让一个人永远吃亏，因为大家都愿意和甘于吃亏的人来往，跟他们合作，久而久之，他们的机会自然就会比别人多。

同事，喜欢能吃亏的人；

老板，器重能吃亏的人。

吃亏是一种投资，成功往往就隐藏在吃亏中。如果以一个较长的周期来衡量，人吃过的几乎所有的亏，都会从别的角度、别的时间、别的场合得到补偿，甚至是加倍补偿。

4. 工匠的专业主义

“21 世纪，唯一的生存之道就是专业。”日本著名经济学者、未来趋势专家大前研一在《专业主义》一书中这样说。

专业，既指某种专门从事的学业或职业，又指在某个领域所擅长的技能，还可用来形容“人类社会科学技术进步、生活生产实践中，用来描述职业生涯某一阶段、某一人群，用来谋生，长时期从事的具体业务作业规范”。

现实中，自诩“专业”的人不少，但事实上，真正“专业”的人并不多。

罗振宇是资深自媒体人，做的是社群电商，《罗辑思维》从本质上来讲就是一个教人怎么读书、怎么思考的知识类脱口秀节目。

在罗振宇看来，自己做的就是个“手艺活儿”，靠着知识和志趣吃饭，“死磕自己，愉悦大家”是他的口头禅，也是《罗辑思维》的真实写照。

罗振宇的专业，最典型的表现就是每天早上六点半的六十秒语音。

这段语音没有什么太过实质的内容，但对罗振宇来说，这六十秒仿佛某个仪式一般庄重，每天六十秒的“自虐”，为的不是哗众取宠，而是时时刻刻提醒自己，要关注内容质量。

许多视频脱口秀节目也是现场录制，录制的时候都装有提词器，但《罗辑思维》没有。每一次的脱口秀都是罗振宇即兴表述，一旦出现纰漏，立马从头开始重新录制。所以，一般的脱口秀录制时间最多不超过两个小时，但《罗辑思维》一期节目的录制要长达八小时、十小时，甚至更多。

在罗振宇看来，只有专注于产品的品质，做到专注与专业，《罗辑思维》才有未来。

而职人，最核心的生存之道，就是专业。

王石一向推崇日本制造业的职人文化，推崇把产品做到极致的"职人精神"，在他看来，匠人就是用专业精神专注地将事情做到极致的人。在中国，王石始终认为褚时健是匠人精神的杰出代表。

2002 年，保外就医的褚时健承包了 2400 亩荒山，种起了橙子，这一年他已经 75 岁高龄。

外行种橙子，问题频出。起初，褚时健种的橙子，产量低是个大问题，2000 多亩地，一年下来收成只有 14 吨。

首先要解决产量的问题，这个问题不解决，跟同行的差异化优势就显不出来，难以跨过生死门槛。第二年，褚时健剪掉了橙树多余的叶子，避免果树营养流失，结果产量大幅度提升，产量的问题初步解决。

其次要解决果子的口感问题，如何种出一种让顾客"牵肠挂肚"的果子，又成了当务之急。种出大路货的橙子，不是褚时健的初衷。

为了对比口感，褚时健买来了各种各样的橙子，先是自己品尝，后来又同自家橙子一字摆开，让外人品尝。经过对比，大家提出各种各样的意见，这些橙子，有的太酸，有的寡味，有的皮厚，有的渣多，有的核多……

口感说起来容易，真要培育出受大家喜欢的类型，着实不是一件容易的事。褚橙属低酸品种，不太酸，就是味淡，糖分不足。这个问题，专家也没说出所以然。褚时健尝试着自己解决，通过研究，他发现可能是由于氮肥过量。于是在配肥时，他将氮磷钾以及其他元素的肥料重新划分比例，几番尝试，果子的糖分终于达到了理想的程度。

旧的问题解决，新的问题又出现了，果子容易腐烂，褚时健又逐个排查解决土壤问题、施肥问题、灌溉问题。经过六七年的摸爬滚打，到 2009 年，褚橙的口感和质量问题才得到了相对妥善的解决。

褚时健，从一个橙子种植的门外汉，变成了橙子专家。

褚时健以这种专业姿态种出来的褚橙，跑赢了大部分竞争对手，一炮走红。

所谓专业精神，就是在专业技能的基础上发展起来的一种对工作极其钟爱和投入的优秀特质，具有专业精神的员工对工作有一种近乎疯狂的执着与热爱，他们能够达到一种忘我的境界。

著名喜剧演员周星驰，其主演的电影给人留下最深刻印象的是无厘头、轻松搞笑，但是他自己做导演时，在电影的拍摄、制作过程中，表现出了一种非常专业、严谨的态度，从不以随意玩笑的态度来对待工作。

有记者问他："很多剧组同仁都很怕你，你是否过于严肃了?"

周星驰回答："因为我强调的是专业精神，所以对工作人员要求很高，的确经常表现得很严肃，这可能是他们怕我的原因。"

这种专业精神实际上也正是周星驰能够成为喜剧大师的根本原因。

专业度也会在很大程度上决定职人的受欢迎程度和身价。

2014 年，罗永浩的锤子科技发布了第一款手机 Smartisan T1，这是一款用工匠精神打造出来的产品，为了提升产品品质，罗永浩下了狠功夫，不惜重金在全球范围内搜罗了一些业界大碗：

为了解决手机的成像品质，老罗找到了五十岚千秋（富士通公司总工程师，最顶尖的手机成像专家）；

为了解决产品外观设计问题，老罗找来了苹果公司前工业设计总监；

为了解决产品工程设计问题，老罗找来了前摩托罗拉顶尖工程经理出任 CTO；

为了解决手机音质的主观听感问题，老罗找来了国内音乐教父级人物张亚东和著名摇滚师左小祖咒来操刀主观调音。

都是牛人！

罗永浩决定做手机后，为什么首先想到的是找这些人，而不是随意从人才市场上去招募？因为这些人都是各自领域的顶尖专业人士，他很清楚由这些人来操刀产品，才能打造出真正充满匠心和情怀的产品。

话说回来，不管是产品工程设计，还是外观设计，就不能让刚毕业的设计师去设计吗？当然也可以，但其效果可能会"差之毫厘，谬以千里"。

这就是专业价值的差异，体现在价格上，就真的是一个天上，一个地下。更可怕的是，即便是你主张低价，也未必有人能看得上。

这就是专业人士的一招鲜吃遍天。

一般说来，职人与普通人最明显的差异特征，就表现在专业度上，专业度包含两个方面：第一，专业技能；第二，职业素质。两者兼备，才有资格被称为"专业"。

5. “匠”字，三面封闭，还有一个出口

2016 年 5 月 30 日，高规格的全国科技创新大会在人民大会堂召开。会上，华为公司创始人、总裁任正非代表作了《以创新为核心竞争力为祖国百年科技振兴而奋斗》的汇报发言。

发言中，任正非提到——

“华为现在的水平尚停留在工程教学、物理算法等工程科学的创新层面，尚未真正进入基础理论研究。随着逐步逼近香农定理、摩尔定律的极限，而对大流量、低时延的理论还未创造出来，华为已感到前途茫茫、找不到方向。华为已前进在迷航中。重大创新是无人区的生存法则，没有理论突破，没有技术突破，没有大量的技术积累，是不可能产生爆发性创新的。

“华为正在本行业逐步攻入无人区，处在无人领航、无既定规则、无人跟随的困境。”

华为已攻入科技的无人区，在这样的背景下，任正非表示华为将迎难而上、坚持创新，以战略耐性和巨大投入来追求重大创新，用最优秀的人去培养更优秀的人。

企业有两种类型，一种是在竞争惨烈的红海市场中苦苦挣扎求生存的跟随型企业，另一种则是在前后左右难觅竞争对手的蓝海市场中独行探索的引领型企业。

企业在竞争激烈的市场中攻城略地，赚取利润，生存下来，本就不是一件容易的事情。作为引领型企业，要在战略无人区中探索出一条未来生存之

道，更需要迎难而上的探索精神。

在困境和挑战面前，任何一家企业及其员工都务必保持旺盛的斗志、一流的进取心和创新精神，否则，就有违企业运营的本质，有违职人的本质。

工匠精神，从本质上来讲，就是一种极致的创新精神。

前文我们讲，要铸就一颗匠心，需要经历三个阶段，炼技、炼艺、炼道。炼技，就是我们所说的夯实基础、学习基本技能，这一点，大多数工人都能够做到；炼艺，则是在长期重复训练、反复打磨的过程中追求精益求精，是一个精益的阶段；炼道，则是精益之后，融合自身经验、智慧的一种体悟，这种体悟，从根本上来说，就是一种发现，发现新的规律、新的技法、新的模式、新的观念、新的资源。从某种意义上说，这种"新"的发现，和守破离中的"离"是异曲同工的。

离，离的是什么？是旧的思想、观念、模式；发现，发现的是什么？是新的观念、思想、模式、技法。

从这方面来讲，工匠精神，本质上就是追求一种创新。

2015 年，美国著名作家亚力克·福奇出版了一本新书，叫《工匠精神》，在书中，他把工匠精神称为"缔造伟大传奇的重要力量"。他认为，工匠精神就是一台永动机，塑造并引领着美国，使美国生生不息，成为一个"创新者的国度"。

东阿阿胶集团总裁秦玉峰说："匠人有了初心，不断提升技艺，就有了匠心，匠心之魂，就是创新。"

我们一直在讲工匠精神，那么到底何为"匠"呢？就其字面形象来看，它是中间一个"斤"字，三面封闭，留一个出口的结构。"匠"字是半包围结构，也就是说"匠心"其实意味着在斤斤计较（精进钻研专业技能）的同时也要给自己留一个出口与外界进行沟通，要与时俱进，要学习创新，不可作茧自缚、故步自封。

小野做寿司，就是这样一种状态。因为喜欢，他无比认真；因为热爱，他对每一个细节都精益求精，追求极致。为了做到"更好"，他不断对寿司制作技术进行改良，不断微创新，不断进行制作方法的调整。不知不觉间，他已经达艺与术的层面，逐渐触摸到寿司之道的精髓。

创新精神跟工匠精神、职人精神并不违背，工匠精神并不是冰冷的机械产物，更不是故步自封的保守做法。恰好相反，它要求职人勇于创新，懂得顺应时代的变化，不变的是对高品质的执着追求，并且锲而不舍地坚持下去。

冯骥才小说《神鞭》中的主人公傻二，可将头上的辫子耍得出神入化。但到了民国时期，他的辫子在洋枪面前再也施展不出原有的威力，毫无抵挡之力。他便毅然决然地剪掉辫子，将原先耍弄鞭子的精神头，用到了练枪上，于是又炼成一手神枪绝技。这种做派，才称得上是真正领悟了工匠精神、职人精神。

每一个职人，要想精进自己的技艺，想要保持自我，都应该自动摒弃繁华与喧嚣，唯有于沉静处，那份“匠心”才能得以显现。而工匠并不意味着封闭，所以要为自己和外界之间留下一个通道，否则，就成了“闭门造车”，难以做到精进、提升、创新。

第七章

高度坚守：台上一分钟，台下十年功

台上一分钟的光鲜荣耀背后，无不是长期的苦心坚守和辛苦付出。如果你能围绕自己的专业方向，积累几千小时，甚至上万小时的话，精益求精，以自己的职业为供奉，注入匠心，坚守一生，你就能获得成功。

那么，从量变到质变的跨越一定会到来，你就能够进入自己所在领域的自由王国，收发自如，游刃有余！

1. 只有偏执狂才能成功

1996 年，格洛夫推出了一本震惊业界的新书——《只有偏执狂才能生存》，格洛夫说：“我常笃信‘只有偏执狂才能生存’这一格言，我不惜冒偏执之名，整天疑虑事情会出岔。”

万科老总王石在“中国企业家论坛”上也曾经明确指出，“偏执 + 执着 + 盈利”就是企业家精神。他说，企业家与其他人的不同点是偏执，执着还不能说明问题。企业家除了要执着，还要偏执，别人认为不可以，他却认为可以，并要把组织能力变成可能，而且要盈利。

不仅仅是企业家，职人也需要具备偏执的特征。

我接触过不少优秀的职人，发现他们都是非常专注的人，他们身上都存在着“偏执”的特性，都有一股疯劲。这些“疯子”具有明显的识别特征——

· 做事执着；

· 只顾前不顾后；

· 只想完成他自己想做的事，不管周边的环境；

· 发起疯劲，六亲不认。犯起狠来，无所谓生命。

· 一旦定了方向，即执着于初心，绝不偏离；

· 走在路上，振振有词；

· 不到终点，决不罢休。

对于职人，“疯子”不是贬义词，它首先是一种精神，这种偏执的精神让他们能够完成正常人不敢想象或不能完成的任务。

当世界喧嚣时，执着初心；当世界无声时，静待曙光。这就是匠人。

小野二郎的寿司店店面不大，生意却出奇的好。你如果想要吃到那里的寿司，你得提前好久开始预约。这样一个微型餐馆，为什么会让那么多的食客都忍不住前往呢？最根本的原因在于他们对待产品的态度，对于品质的那份执着追求的负责任态度。

20 世纪 80 年代，国产柴油机因为噪音特别大而备受诟病。为了提质降噪，武汉柴油机厂特别聘请了退休的德国技师格里希来做厂长兼生产顾问。

格里希走马上任后，马上将政府官员和工厂领导干部召集到一起开会，并说了这样一番话："质量决定着产品的生命，而气缸生命的重点又在于清洁度，如果这个问题不能处理掉，那么企业就难以发展下去。"

会上，他当着众领导的面，将会议桌上气缸里的一大把铁砂拿出来，非常严肃地说："在我们德国，气缸杂质要小于 50 毫克，这个气缸是我在临开会前到生产车间随便拿的一个。大家可以看看，我从里面拿出了什么。而我所掌握的数据是，贵厂生产的气缸杂质竟然高达 5000 毫克。大家可以想象一下，如果一个气缸随手就可以抓出一把铁砂，它的质量还能达标吗？我觉得这和工艺技术没太大关联，而是我们从上到下的态度问题，是工作态度不认真所导致的。"

格里希的一席话，让在场人员都面红耳赤。

两年以后，格里希因为其他原因离开了这个厂。不过在他任职期间，武汉柴油机厂生产的柴油机品质得到了大大提升，气缸杂质下降了 4000 毫克左右。卸任以后，格里希还多次到厂里走访。在厂里，他依然会习惯性地检查气缸的杂质，似乎忘了这不再是自己的职责，他依然非常气愤地对身边的陪同人员大声叫道："你们工作怎么这么粗心？"

由小见大，格里希当然无法代表德国，但他身上那股认真与执着所带来的力量令人敬畏。

从本质上讲，每一个职人都是艺术家，都是偏执狂。因为他们追求极致的完美，追求精益求精，追求一种生命的圆融，所以，他们需要自由，需要尽情创造与发挥的空间。

这种境界，是一般“打工者”难以领略到的。

金无足赤，事无十全，自己与自己较劲，是一种执着，同样，也是一种对完美的追逐。

一个职人的成长史从本质上来讲就是自己与自己不断较劲的过程，或许在旁人眼中，他们已经做得足够好。但在他们自己眼中，只要没有达到100%，就依旧需要改进，需要提升，需要去升华。

2. 对生命负责的态度就是玩命

稻盛和夫有一本书叫《六项精进》，其中第一项精进——付出不亚于任何人的努力。

何谓“付出不亚于任何人的努力”？

2010 年 10 月，在由包括稻盛和夫先生在内的 200 多名日本企业界出席的“2010 稻盛和夫经营哲学国际（青岛）论坛”上，好利来投资有限公司董事长兼总裁罗红先生用其亲身经历，回答了这个问题。

罗红在论坛发言中提到：

“我今天的成功，我觉得和稻盛先生说的一样，人生的价值观是最为重要的。我记得我离开大山的那一天，那是我们父子俩第一次面对面地坐下来进行了一次很正式的谈话。

“父亲告诉我：‘明天你就要出发了，儿子，今后无论你走到什么地方，做任何事情一定要对得起你自己的良心，走到什么地方都要给身边的人带去快乐，绝不可走一番黑一番。’

“我就带着父亲的教导走出了大山去学习摄影，去做一名学徒，我非常努力，白天学习晚上看书。可以说我每天只能睡两三个小时的觉，经常骑着自行车都撞到街边上，最惨的一次撞到了一辆粪车上。

“但是我真的很努力，所以两年下来，我的老板找到了我们家，和我哥哥和爸爸妈妈说：‘让你们的儿子自立门户去吧。’

“我哥哥就问：‘为什么，我弟弟不听话吗？’

“他说：‘不是你弟弟不听话，是你弟弟太让我们感动了，他太努力了，我们这家店太小了，应该给他更大的空间让他去成长。’

“所以，父母亲听完了以后，给了我一些钱，有了我人生的第一家摄影店。

“和稻盛先生说的一样，付出不亚于任何人的努力，持续的，我每天帮顾客冲洗底片，底片脏了我又帮顾客洗干净，我会把我有限的知识不断地告诉顾客，照好一张人像怎么照，传授给无限的人，我用这种热情迎来了小小的成功，在成都那个时候所有的摄影店，我的生意是最好的。”

罗红还提到一件事，2009 年 11 月，北京下了一场罕见的大雪，为了拍黑天鹅，罗红在雪地里待了一整天，“拍完了以后我在整理黑天鹅照片的时候，我自己都把自己感动了”。

拼搏到无能为力，努力到感动自己！

这就是罗红的工作态度。

遇到这样的员工，假如你是老板，你会怎么做？

如今的员工有两大“毛病”，一个是眼红别人，另一个是抱怨公司。眼红别人待遇好、职位高；抱怨自己不被重用，明珠暗投，待遇差职位低。

当你抱怨老板对你不够好时，不妨也去反思一下自己的工作态度，反思一下每天上班都做了些什么，扪心自问一下——

你真的配得上当下的一切吗？

你值得拥有更高的收入吗？

你值得拥有更高的职位吗？

你愿意雇佣你自己吗？

如果你非常乐意，那就按照既定轨迹这样继续做下去。

如果你不愿意聘用当下的自己，那就应该反思自己当下的行为，彻底改变混日子的态度，试想，如果在公司不好好工作，糊弄老板混日子，荒废了几年，几年后，你的竞争力又何在呢？

年轻时对自己狠一些，趁年轻吃苦不算什么，等年老了还要吃苦拼搏，才最可悲。

2013 年 7 月 20 日，格力董事长董明珠做客《开讲啦》第 49 期，她的演讲主题是：对自己狠一点。

在董明珠看来："对自己狠一点，逼自己努力，再过五年你将会感谢今天发狠的自己、恨透今天懒惰自卑的自己。"

放大镜之所以能够在太阳底下将纸燃烧，就是因为它把光集中在一起，只要将自己的行动力、野心全部集中在一个目标，你成功了一大半。

只要你自己能够狠下心来，严格要求自己，不要给自己太安逸的生活，逃离舒适区，刻意去找与自己有不同意见的人，聆听他们的意见，不怕吃亏，不怕吃苦，你的潜力便会不停地被挖掘出来。

要成功，就要对自己狠一些！

在《叶茂中谈广告》中，叶茂中写过这样一番话："袁枚讲，磨铁可以成针，磨砖不可以成针。我被他说得心惊肉跳，看自己一会儿像铁，一会儿像砖头，一时间对前途充满焦虑。这不，出于自己对营销策划一知半解的愤怒，最近，我写了一篇决心书，主要的意思是说，我干广告干了那么多年，却还是对策划一知半解，现在，我决定'重新做人'，下决心一定要把策划基础打牢。"

当工作不顺利、遇到困难时，当老板不重视、上级不待见时，当迟迟得不到升职加薪时，除非特殊情况，你首先应该迁怒于自己，表达对自己的不满，而不是别人，要换位思考，敢于从自己身上找原因，采取强有力措施去改进，对自己狠一些。

这又回到了叶茂中的一句话上："在人生的某一阶段，对生命负责的态度就是玩命，你对自己残酷一点，世界就会对你好一点。"

你对自己残酷一些，别人就对你好一点，你对自己好一点，别人就对你残酷一些。

仔细揣摩一下，是不是这个道理？

如果你在本该拼搏奋斗的年纪，选择了安逸，做事偷奸耍滑、阳奉阴违，当面一套背后一套，"聪明"的你看似对自己挺好，但是老板会对你残酷，会对你冷落，甚至开除。

如果你选择了对自己残酷，付出不亚于任何人的努力，那么老板对你会非常好，给你晋级加薪。

如果你混到了连自己都不愿意雇佣自己的地步，何不破釜沉舟，迁怒于自己，对自己狠一些，对自己残酷一些，开始玩命工作吧！

3. 职人的“一万小时定律”

研究表明，天赋的高低和成就并不成正比，职业出类拔萃的秘密在于长期的自律和辛苦的工作。英国研究人员迈克尔·J. 豪、简·W. 戴维森、约翰·A. 斯鲁博达在经过广泛调研后，在《财富》杂志上发表了他们的观点——拥有天赋并不能带来卓越的成就。

在所有领域，绝大多数人都是起始阶段兴趣盎然，随后递减，最后甚至完全放弃。只有极少数人能够耐得住寂寞，花上数年或数十年乃至一生的时间去提高、去精进，最终实现卓越。

大量案例显示，即便是那些最具天赋、最具才华的职业人士，也需要10年左右的持续努力才能达到业内一流境界，研究人员称之为“10年法则”。

不过，努力不是耗时间，不是简单重复，同样是一万小时，其内涵不同、积淀不同，因此我们才看到很多人努力了几十年也依然没能达到已臻化境的境界。

只有那些花大量时间，且时刻进行“刻意练习”（deliberatepractice）的人，才能成为本领域的佼佼者。“刻意练习”是指，不断改善业绩，永不停息对自己能力的超越，对事对结果做出反馈，进行高水平的提升练习。

美国佛罗里达大学教授安德斯·埃里克森和他的同事研究过年轻的小提琴演奏乐手，发现表现最好的一组（由音乐学校老师评定）平均每人做过1万小时的专业练习；较差的一组为7500小时；最差的一组只有5000小时。在几乎所有专业岗位上，这种情况无一例外。刻意练习时间越长，技能越精，成就也就越大。

大量的“刻意练习”，往往意味着卓越。

我看过今日资本创始人徐新的一篇访谈，徐新是京东商城的第一个投资人，因为介入较早，给京东的投资（3000万美元）为她带来了难以想象的超额回报（22亿美元）。对这个信息，我相信不同的人会有不同的解读，很多人可能会认为她运气好，是赌对了（风险投资确实有很大赌的成分）。

但是徐新的一番解读，让我意识到事情可能并不只是如此。她的总结是：“每个人都要聚焦，都要积累一万小时。”

我了解了一番，在徐新的这单成功投资之前，其实她已经在相关行业（金融、咨询，这些都是和风投密切相关的专业性极强的工作）摸爬滚打了20年，用她的话说就是已经积累3万个小时。有这个坚实的基础做铺垫，她近几年的厚积薄发是可以预料的，她的成功投资（网易、中华英才、大众点评、赶集）如井喷般冒出，也不足为奇。

作家葛拉威尔在《异数》一书中指出：“人们眼中的天才之所以卓越非凡，并非因为天资超人一等，而是付出了持续不断的努力。只要经过1万小时的锤炼，任何人都能从平凡变成超凡。他将此称为‘一万小时定律’。”

“一万小时定律”，对于任何行业、任何人都不例外：莫扎特6岁作曲，到20岁才创作世界级作品；甲壳虫乐队1964年风靡全球前已演出1200场；比尔·盖茨1968年接触计算机，创业前已编程7年；小米一飞冲天的背后，是8位创始人各自在其他顶尖互联网公司长期的摸爬滚打经历。

你要成为所在领域的顶尖专家，同样需要付出至少1万小时的努力。

1万小时，需要多少年才能凑够呢？对不同的人，用时也显然不同，这取决于两个方面：

首先，需要弄清1万小时中的小时，是怎样的一个衡量标准。也就是说怎样的经历，才能算作1个小时。如果工作只是简单重复进行，只是不做思考的虚度，那当然不能算。只有不断思考、不断总结、不断改进、不断寻求提升之道的工作经历才有效。

其次，每人每天都拥有24个小时，假设每天工作8小时。有的人工作一天，可能就有8个小时的积累量，有的人可能连1小时都没有。而有的人会更多，因为他们可能在工作之余，甚至在睡梦中都还在考虑如何优化工作。更有甚者，对一些效能高的人而言，1 小时还能起到数小时之效。

我想也正是因为这种对时间的利用效率不同，才造成了人和人之间的巨大差异，收入上的差异，职位上的差异。

回到正题——

假设每天积累的有效时间为 4 小时，要成为行业内的顶尖专家，需 10000 ÷365 ÷4 =6.8（年）；

假设每天积累的有效时间为 8 小时，要成为行业内的顶尖专家，需 10000 ÷365 ÷8 =3.4（年）；

假设每天积累的有效时间为 10 小时，要成为行业内的顶尖专家，10000 ÷365 ÷10 =2.7（年）；

所以说，如果找到一个正确的工作方向，一个还算不错的工作平台，那我建议你起码要坚持干两三年以上。

需要知悉的是，几乎在所有领域，绝大多数人都是起始阶段兴趣盎然，随后递减，最后甚至完全放弃。只有极少数人能够耐得住寂寞，花上数年或数十年乃至一生的时间去提高、去精进，最终实现卓越。

4. 匠心是恒心：台上一分钟，台下十年功

2016 年新年伊始，一个 5 分 18 秒的视频短片 *The Best of Nanking*（南京最潮宣传片）在网络上迅速走红，刷爆微信朋友圈，发布当天，点击率就突破了百万大关，有无数人发表评论，在社会上引起了广泛热议。除了对于视频内容的议论，也有不少人从制作角度指出了其中带有互联网时代印记的匠人精神。

在制作这部短片的团队中，5 名“90 后”都有自己的工作，他们只能牺牲休息时间来进行拍摄和制作。他们自掏腰包，花了 13 个月，拍摄出 30 多万张照片，然后以这些照片为素材，制作出了这个只有 5 分 18 秒时长的视频。

人们常说，“台上一分钟，台下十年功”，在这 5 分多钟的视频背后，是这些年轻人用无数张照片、无数个不眠之夜、无数次殚精竭虑换来的。

我看到过这样一个段子，说是出自李嘉诚，不过无从考证——

付出就想马上有回报，适合做钟点工；期望能按月得到报酬，适合做打工族；耐心按年度领取年收入，是职业经理人；能耐心等待三到五年，适合做投资家；用一生的眼光去权衡，你就是企业家。

知名经济学家巴曙松，对这个话题进行了扩展与引申，在他看来——

“付出一点想马上有回报的人，只适合做钟点工；如果能耐心按月得到回报，则适合做工薪族；耐心按年领取回报的是职业经理人；能耐心等待 3～5 年的是投资家，可以耐心等待 10～20 年的是企业家；能等待 50～100 年的是

教育家；能等候300年的回报，那就是伟人；能耐心等待3000年才见到效果的，那就是圣人。”

付出总有回报，大体方向上没有问题。

付出与回报是事业上的一座天平，不过，付出与回报未必会成正比，付出未必会立马就有回报，付出也并不一定马上有以你所期待的方式回报于你，不过你的付出会以该有的方式进行回报。

付出就想快速见到回报，是身处初级职位的初级人才一种目光短浅的思维方式，这种格局的人，其成长性很有限，难以得到机会的垂青。

成就来自耐心和坚持，来自数年甚至数十年如一日的精进与积淀。

十年前，经济学家弗里德曼在其著作《世界是平的：凌志（雷克萨斯）汽车和橄榄树的视角》中提出，雷克萨斯是全球化的典型代表，它代表更高的效率、更好的产品、更激烈的竞争、更自由的资本流动、更广泛的合作以及更尖端的科技。

作为日本豪华汽车品牌的代表，雷克萨斯的标签是——质量可靠。雷克萨斯九州工厂多次斩获象征着全球工厂品质的“白金大奖”，然而这家标杆性的豪华轿车工厂并没有非常高的自动化生产线，反而特别强调工匠在产品质量控制中不可替代的关键作用。

在九州工厂，掌控核心工艺流程的技师，无不要经过数十年的历练。这个过程不是很轻松，需要进行年复一年的高强度专业培训。

新员工进入九州工厂，首先要经历三个月的基础培训，等他们能够独立操作其中一道工序时，才可被安排到其他项目进行培训。

员工在基础岗位磨练三年之后，才有资格接受升级教育培训。之后，员工会按照严格的MPS培训制度逐步提升。

MPS培训分C级、B级、A级、S级——

C级：工作经验1年以上，工作分数10分以上者；

B级：工作经验5年以上，工作分数50分以上者；

A级：工作经验10年以上，工作分数100分以上者；

S级：工作经验15年以上，工作分数150分以上者。（熟练掌握科内全部工序的90%以上，被选为科长以上的人才可以参加。）

经过层层筛选、拔高，只有极少数人才可获得S级，S级员工经过其他员工一致认可，工龄和技术达到一定程度后，方可成为匠。在拥有8000余名员工的九州工厂，匠却仅有20名左右，而要成长为雷克萨斯的大师级工匠，则至少需要25年的时间。

丰田汽车创始人丰田喜一郎曾经说："人是我们最宝贵的资源，在雷克萨斯，我们坚信好的汽车是人造出来的，而非机器。"

正是因为有这些"匠"在把关品质、培养技工，才使得九州工厂有多达38项的自主创新技术应运而生，才让雷克萨斯打磨出一辆辆高品质的轿车，帮助雷克萨斯拥有了精致工艺与至臻品质。

毫无疑问，这些工匠，是雷克萨斯最为珍贵的财富。

在日语中，"匠"称为"Takumi"，意指耗费大量的时间、精力、资金，以极致的工艺打造器物。从江户时代以来，历经几百年的锤炼，匠人精神已然成为日本制造业走向繁荣的重要支撑，是日本职业精神的象征。

日本的职人精神，有些人或许会感到不解。心想在当今一日千里的互联网时代，我们哪有那么多时间，那么多精力去重复做一件事。这种思维方式，让我们不能专心一处，我们迷茫，我们浮躁，没有耐心，心总悬着，最终却竹篮打水一场空，一事无成。

伟大在于能够长时间忍受平淡枯燥的工作，艰巨的事业和任务则来源漫长时间的坚持和积淀。

近几年，在华语歌手中，汪峰异军突起，还在鸟巢开了规模空前的演唱会，在内地华语歌手中，再也找不出第二人有这种魄力和实力。当然也有人认为他是靠炒作、靠绯闻走红。但是以我的了解，汪峰的崛起在于量变到质变的积累。为什么这么说呢？这要回到他的作品上，高水准的原创作品，从"鲍家街43号"时期，到华纳时期，再到现在，这个歌手每年都有高品质原创作品（作词、作曲、编曲、演唱全包）问世。据说汪峰在创作时，不会像某些艺术家等灵感闪现时，才会去点燃创作的火花，他是强迫自己每天写歌，日积月累。

乐评人李宏杰说："汪峰应该说是进入21世纪以后，在中国摇滚音乐家中，成绩比较突出的。崔健、许巍、魔岩三杰，他们基本上都是20世纪60

年代的人，汪峰是70年代初的人。2014年是汪峰入行20年，看起来是忽然间火了，其实他也奋斗了20年。不是因为他善于炒作，才成为今天的他，如果他没有作品，没有勤奋地去写歌，没有这20年的奋斗，我觉得他再会炒作，也成不了今天的他。”

据说，竹子在生长周期的前4年，仅仅只能成长3厘米，从第5年开始，竟能以每天30厘米的速度疯狂生长，只用6周的时间就长到了15米。其实，在前面的4年，竹子将根在土壤里延伸了数百平方米。

不要担心你此时此刻的付出得不到回报，因为这些付出都是为了扎根，是在为将来的爆发储备力量。

遗憾的是，有多少人没能熬过那3厘米，他们刚付出一点点，就渴望回报。得不到回报，就失去耐心，与机会失之交臂。

台上一分钟，台下十年功，没有成功是可以一蹴而就的。

台上一分钟，镁光灯下，闪耀的是一份华美；台下十年功，幕布背后，沉淀的却是岁月积淀、一份匠心。

5. 苦心孤诣，下笨功夫

千万人之中，你是职人，注定你无法通过钻营获得暴利，无法通过投机取巧获得成功。做匠人没有捷径，要有真本领，非下苦功夫不可。

自作聪明者喜欢投机取巧，他们不知那些真正的聪明人都在下笨功夫。

曾国藩在教子上有自己的一套方法，极其严格，他对儿子曾纪泽的要求是，每天写一万字的楷书，不可有一日懈怠。

我们知道，如今在电脑上打一万字，都要耗费大量的时间、精力。要知道当时可是一个研磨写字的时代，每天写一万字端端正正的楷书，需要花费多大的耐心和功夫。可想而知，长时间坚持写字，练习的不仅是书法，更磨练了人格、耐力以及气度。据历史记载，曾纪泽果然没有辜负父亲的培养，成了国家栋梁。

国学大师钱穆说："古往今来有大成就者，诀窍无他，都是能肯下笨劲。"

钱穆聪慧异于常人，幼年就获神童之誉。他从不自恃聪明，每天必定坚持进行10个小时的读书写作，几十年如一日，认认真真做笔记，一丝不苟查阅资料，踏踏实实做学问。在集钱穆学术成就之大成的《管锥编》中，他引述了4000余名名家的上万本著作中的数万条书证，左图右史，博大精深。

历史学家孙国栋赞曰："钱先生研究、讲学、教育、著述兀兀80年未尝中断，这番毅力精神旷古所无。而学问成就规模之宏大，实朱子以后一人。"

好东西从来都是聪明人下笨功夫做出来的。

曾是央视记者的柴静在为好友的一本书写的推荐序中有这样一句话："这

个笨功夫，是必须下的，急不得，急的结果都是油条式的——炸得金光铮亮出来了，都是空心的。”

1990 年，史玉柱靠在深圳大学蹭机房开发出的 M－6401 桌面文字系统，赚取了第一桶金，整整 100 万元。

1990 年 1 月，史玉柱决定开发新产品——M－6402。他和助手包下了深圳大学的两间学生公寓，备好了 20 箱方便面，开始了苦行僧般的产品开发。长达 150 天的“集中营式闭关”，他们收获的是功能更强大的 M－6402 汉卡。

后来，史玉柱做网游，开发征途游戏时，也没有投机取巧。正如史玉柱所说：“自从‘三大战役’失败后，我就养成一个习惯，谁消费我的产品，我就要把他研究透。一天不研究透，我就痛苦一天。”

如何把消费者研究透？

还是要下笨功夫。

开发游戏，史玉柱没有经验，有的只是玩游戏的经验。

怎么才能打造出能击中用户痛点的产品呢？史玉柱的方法很特别，也很简单，就是找潜在游戏玩家聊天，大量聊天，把他们的心思研究透。

在这个过程中，史玉柱先后找了 2000 个玩家聊天，每个至少聊 2 小时。总计就是 4000 小时，平均一天 10 小时的话，也需要 400 天。

真是一项浩大的工程。

史玉柱可以不这样做，可以象征性地找几个典型用户大致沟通一下，其他的凭想象去弥补。

这种方式当然省时省力，但是他不可能洞悉大量用户在网络游戏中的兴奋、紧张、激情、愤怒、郁闷、心跳、刺激、张狂、霸气、嫉妒、失落、沮丧、掌控、宣泄、君临天下、说一不二的细腻情绪。

这些用户的小情绪被史玉柱摸得一清二楚，了如指掌。

后来的事实也证明，征途游戏最吸引人之处，正是给了玩家以上情绪一个合适的载体、一个恰如其分的释放机制。

“中国烟草大王”褚时健以戴罪之身二次创业种橙子，褚橙种植地哀牢山附近有很多橙子种植户，他们都在附近一家养鸡场买鸡粪作为橙子树的肥料，其他人都是拎着袋子去买，过秤后直接交钱拉走。褚时健的做法跟其他人不一样，他会把鸡粪倒出来摊开，用手捏捏，看一下里面有没有杂质，水分含量多少，据此来跟对方讨价还价。

“鸡粪那个臭啊！我是根本做不到的。”一个养殖户说，当看到褚老用手捻鸡粪肥时，自己震惊了，“你们能想象吗？一个 80 多岁，有着那样经历的人，把一袋子臭鸡粪倒在地上，用手抓起来捻。他眼睛又不太好，还要凑到脸前看！”

在褚时健山上的房间里，有一大摞关于柑橘种植的专业图书，大部分都已经被翻得卷起了角，里面则是密密麻麻的各种标注。

60 岁的玉溪大营街书记任新民，活到现在只佩服一个人，那就是褚时健，他说：“我就没看到像他那么认真的人。他太认真，真是认真。”

黄铁鹰则这样评论：“什么是生命的质量？就是一个 75 岁的人，同一个 25 岁的人在同一条起跑线起跑，十年后，85 岁的人把那个 35 岁的竞争者远远抛到了身后！”

作家二月河在回答记者关于“成功的秘诀”时说：“我写小说基本上是个力气活，不信你试试，一天写上十几个小时，一写 20 年，怎么着也得弄点东西出来。”

真是英雄所见略同！

“笨”到极致就是“聪明”，“拙”到极点就成了“巧”，“苦”到极致就成了“甜”。

趋利避害、避重就轻无可厚非，最难的是下笨功夫、下苦功夫。

工作中，有很多事情其实都可以绕过去，“聪明人”为了走得好走得快，往往绕着走。也有些充满傻气和憨劲的员工，不信邪，迎难而上，死磕硬打，这样节奏肯定会慢一些，姿势可能也不够优美，因为他们要负重前行。

后一种人，比较稀少，却往往能堪重用，可成大事，是组织的脊梁。就像胡适所说：“这个世界聪明人太多，肯下笨功夫的人太少，所以成功者只是少数人。”

6. 做减法与职人的专注

大道至简，真正难的不是做复杂，而是做得更简单，不是做加法，而是做减法。所谓与众不同，就是你的个人定位，你的专业所在，你跟其他人不同的地方。要做到与众不同，最有效的办法是做减法，而不是加法。

章子怡非常善于做减法，让自己变得与众不同。研究章子怡的成名史，会发现她很善于自我经营，尤其擅长做“减法”，而不是一味地做“加法”。

早年，在出演《我的父亲母亲》之后，章子怡一度很迷茫。她没有走很多明星惯常走的路子——趁着人气上升，多拍些电视剧和广告，多捞些钱。她采取的是“以少胜多”的策略，坚持只上大银幕，只拍有影响的片子，只和知名导演合作。

据说，她当时差点签约张纪中的央视版电视剧《笑傲江湖》，最后一刻她又改变了主意。“减法”策略虽然使章子怡流失了部分国内观众基础，却保证了其品位和身价。据《南方人物周刊》的资料，接拍《我的父亲母亲》时，她的片酬为15万元，到接拍《卧虎藏龙》时，她的身价已翻倍至30万元，在成龙的《尖峰时刻2》中，她的片酬就高达100万美元了。

按理说，从此以后章子怡的片酬应该芝麻开花节节高，但在2001年，在张艺谋导演《英雄》中，章子怡甘当绿叶，出演了如月这个角色。当时这部影片中，李连杰的片酬为2600万元，梁朝伟和张曼玉则各约1500万元，而章子怡得到的只有几十万元，章子怡再一次做了“减法”。

在后来进军好莱坞的过程中，章子怡再次不惜以降低片酬来求知名度，香港导演王晶因此贬低她为“廉价女工”。据说，在好莱坞明星大概分 5 级，章子怡绝对属于最低档次的那一级。但是，低片酬使章子怡得到了西方媒体的赞誉和热炒。

在这个充斥着“增加”“加强”“强化”等词汇的时代，敢于做减法，是一种魄力，显得弥足珍贵。

做减法的目的，是更专注于职人的本真工作。

在香港，“裁神”赖师傅是家喻户晓的传奇职人。他一生只专注于做衣服，他做的衣服，最与众不同的地方就是带着一种灵性的美。无论顾客是谁，无论男女老少，无论美丑胖瘦，经过“裁神”的手量身制作的衣服，总是能最契合人本身的气质。

“裁神”出生于 20 世纪 50 年代的香港，那个时候的香港经济很繁荣，尤其是 20 世纪 60 年代，香港将经济的重心转移到制衣业上，涌现了不少衣服制作和加工的企业。随着制衣业的兴盛繁荣，业内出现了一大批优秀的裁缝，他们精细的手工工艺赢得了大众的喜爱，名声还传到了国外。香港因此接到了许多国际订单，成为欧洲、美洲等国家西服制造的固定厂家。美国前总统老布什和尼克松都十分满意香港的制衣水平，一度穿着“香港制造”的洋服出席活动。

赖师傅就生活在那个时代，受大环境的影响，赖师傅年轻时就选择了制衣这个行业。从 11 岁入行起，拜学的师父手把手地悉心教导，到能够自己独立完成一件衣服的制作，再到拥有娴熟的技术，能够制作出一件完美的衣服，赖师傅在这个行业经历了几十年的风吹雨打，历经磨练，做出了许多让人为之惊叹的作品。他曾为香港许多政界名人做过衣服，像当时大红大紫的哥哥——张国荣、著名的电影明星——石坚等，都穿过赖师傅做过的衣服。

在制衣这个行业摸爬滚打了 60 多年，赖师傅的技艺随着时间的流逝在逐渐提升。他一摸布料就知道是什么材质，怎样做才可以美观大方，他明白什么材质的布料可以结合，什么样的款式才是最适合眼前顾客的。所以赖师傅可以将多块布料裁剪、组合，制作出一件让人满意的衣服。赖师傅为无数个顾客制作过，每一个顾客都满意而归，这是因为他一直都坚守着自己的制衣原则，专心致志地工作，练出高超的技艺，这可不是一朝一夕可以做到的。

赖师傅喜欢为顾客制作衣服。从亲自为顾客挑选布料、裁剪、缝制等，这一个又一个的环节都是赖师傅亲力亲为。赖师傅表示，自己用手一摸这些布料就能知道，这种布料适不适合顾客，这种材质可以和什么样的饰品搭配。赖师傅认为，世界上不会有完美的布料和完美的身材，而作为一个裁缝，要做的就是合理地设计，将简单的原料进行裁剪，将其变成能够完美展现顾客气质与身材优点的作品。

当赖师傅看到顾客对自己设计的衣服爱不释手时，他内心都是快乐的。虽然在做衣服的过程中充满了枯燥与乏味，但是赖师傅把这个过程当作是一种享受。线头穿越一块又一块的布料，剪刀裁剪布料的声音，对于赖师傅来讲，都是人生中的乐趣。只有在安静工作的时候，那个时间、那个空间都只属于自己，可以专心致志，没有外界的烦扰，内心是宁静和愉快的。

赖师傅也是一位谦虚的裁缝，说起他高超技艺的时候，他总是只是微微一笑，好像是在听别人的故事一样。沉稳内敛，不露锋芒，这就是一位历经岁月的老人的生活态度，我只是在用心做我的工作，仅此而已。

职人匠心，选择专注和坚持，不断舍弃，不断做减法，不断聚焦，不受外界诱惑，一直往深处走，追求极致已然成了一种本能，而专注，本身就是一种美好。

7. 打造个人品牌

2006年1月，日本著名建筑师安藤忠雄来到上海举办展览。下面是他和《外滩画报》记者之间的一段对话——

记者：你住在哪里？觉得怎么样？

安滕忠雄：金茂凯悦大酒店，我每次来上海都住在那里，那是世界上最好的地方之一。

记者：在哪里吃饭？评价如何？

安滕忠雄：到上海后我才吃了一顿饭，外滩三号的黄浦会。尝尝上海菜，还不错。

记者：夜生活怎么度过？

安滕忠雄：讲演会、媒体见面会、酒会……我累得只想回酒店休息。

记者：预订行程之后会去哪里？

安滕忠雄：回大阪的事务所，一堆事情等着我呢。

记者：你对上海的建筑有何评价？

安滕忠雄：除了外滩，其他没有令人印象深刻的。

记者：既然你不喜欢中国的建筑，为什么还要在上海投入精力，设计国际设计中心？

安滕忠雄：上海是引领世界设计潮流的所在地，这就是我的理由。这和中国建筑没有关系。

这段短短的对话中，安滕忠雄的每一句回答，几乎都在展示自己作为一个成功建筑师而享有的各种优越性，“住金茂凯越大酒店……那是世界上最好的地方之一”，吃在“外滩三号的黄浦会”，这些话语传递的信息是有钱、有品位。

“讲演会、媒体见面会、酒会……一堆事情等着我呢”等字里行间表现出来的是他的繁忙，间接说明了自己的受欢迎程度。

认为上海的建筑“除了外滩，其他没有令人印象深刻的”，则彰显了其眼光的挑剔与品位的高雅。

安藤忠雄这样处处刻意包装自己，无形中给人留下了一种印象：他既然各方面都那么讲究，眼光也是那么独特，那么其建筑设计才华也一定是与这些方面的高标准、严要求相匹配的。

安藤忠雄是一个聪明人，知道该怎样去包装自己，懂得产品化生存，从而强化了个人品牌，给人一种很厉害的感觉。

1991 年，冯仑和王功权等人南下海南淘金，他们搞了一家公司，要做房地产，注册资金 1000 万元，实际账面资金只有 3 万元，3 万元要做房地产，即便是在当时的海南也是天方夜谭。

首先要解决资金问题，当务之急是找到一家财大气粗的合作伙伴。

当时，尽管没多少钱，冯仑非常注意将自己和公司上下都收拾得整整齐齐，言谈举止让人一眼看上去就很自信、很有实力的样子。为了筹钱，冯仑找到一个信托公司的老板，先是不紧不慢地给对方讲了一番自己的经历——他从中央党校研究生院毕业后，先后在中央党校、中宣部、国家体改委、武汉市经委和海南省委任职，历任讲师、副处长、副所长等职务，还主编过《中国国情报告》等图书。

冯仑表现出来的气量与风度，让对方丝毫不敢轻视。

最后，冯仑才“捎带着”和对方谈了谈眼前的商机，称自己手头有一单好生意，稳赚不赔。看到对方被说得有些心动，冯仑进而提出：“不如这样，这单生意咱们一起做，我出 1300 万元，你出 500 万元，你看如何?”

这样好的生意，对方又是“如此牛”的一个人，还有什么不放心的？于是信托公司老板慷慨地拿出了 500 万元交给了冯仑。

有了这 500 万元，冯仑让王功权到银行作现金抵押，又贷出了 1300 万元。他们用1800万元，买下了8幢别墅，稍作包装后即转手，结果除去各种成本，还净赚300万元。这是冯仑在海南淘到的第一桶金。

后来，冯仑总结说："做大生意必须先有钱，第一次做大生意谁都没有钱。在这个时候，自己可以知道自己没钱，但不能让别人知道。当大家都以为你有钱的时候，都愿意和你合作做生意的时候，你就真的有钱了。"

事实上，冯仑由于在中央机关工作过多年，见多识广，能说会道，与人交流起来自然充满自信、从容不迫，而且又注重包装，所以摆起谱来，得心应手。

像冯仑这样掌握着一些优势资源，再配合以恰当的包装、良好的自信和对社会游戏规则的熟知，因此总能实现良性循环发展。

职人精神，是以专注、专业、极致为背书的，努力锤炼每一项技能，雕琢每一个细节。职人精神，可以让我们把事情做到极致，可以让我们做得更为专业，真正的职人已经具备塑造个人品牌的实力。再配合以适当的个人包装思路，个人品牌的铸就将指日可待。

在《定位》作者里斯·特劳特看来，打造个人品牌就是要在别人心目中唤起更好的感觉。

如何通过包装自己来强化自己在别人心目中的好感呢？彼得·蒙托亚和蒂姆·梵德荷给出了几条建议：

（1）认真写一下你自己的故事，着重于过去的趣事。

（2）向家人、朋友、老师了解你可能已经淡忘的故事。

（3）收集以往的照片和纪念品，以备日后制作个人营销材料之需。

（4）针对你的目标市场，提炼你过往经历中最能引起你的客户和潜在客户共鸣的部分。

（5）对自己的故事进行润色修改。

（6）找出自己过去经历中的独特信息，比如工作成绩、旅行经历和公益活动。

（7）分析竞争对手的个人品牌实施程度，与之区分开来，提升差异化竞争力。

在飞速发展的移动互联网时代，打造个人品牌，我建议你还要做几项额外的工作，比如：

（1）对专业能力和专业素养，进行强化、强化，再强化，努力成为某一领域的专家。

（2）对个人形象进行整体设计、包装，起码看上去要像一个专业人士、一个强大的人、一个成功的人。

（3）积极拥抱互联网，学习并熟悉新时代的游戏规则。

（4）学会利用互联网来支撑并强化你的专业度，比如建立个人网站、微博、微信公众平台，发表一些个人见解、观点、文章。

第八章

兴趣热情：匠人“一生悬命”式的全身心投入

爱一行干一行是一种幸运，干一行爱一行是一种态度；努力工作是一种表现，“一生悬命”式的拼命努力却是一种精神信仰，一种独属于职人的精神信仰。

职人要炼成，需要的是“一生悬命”式的心无旁骛，是十年磨一剑的坚韧和执着，是一种自觉的使命，没有这些，职人精神便无从谈起。

1. 工匠精神的第一要素是乐趣和激情

古人常说："知之者不如好之者，好之者不如乐之者。"乐是一种兴趣，也是一种热爱，当这种热爱发酵到一定程度时，就会蜕化成使命感。

职人精神的第一要素，不是坚持，不是细节，不是对完美的追求，而是乐趣与热情。

人若志趣不远，心不在焉，虽学无成。兴趣从来都是最好的导师。

一个真正的匠人，终此一生，对自己所从事的工作都是热情而忠诚的。

"我在工作的时候最快乐。"智路这样说。

在灯红酒绿、喧嚣中透着无限繁华的东京，智路的寿司店很不起眼，智路本人也名不见经传，但他堪称日本的另一个寿司大师。在 70 年的时间里，他的寿司店从来都是人满为患。很多客人为了吃上智路亲手做的寿司，甚至宁可等待一年，只因为想要品尝一下智路手艺的味道，体悟一下日常生活中最平凡的感动。

智路是一个商人，更是一个匠人，做寿司对他而言，不仅仅是生存的技艺，也是一生的兴趣所钟。

从九岁开始到寿司店里当学徒，除了生病，智路从来都没有休息过。他喜欢和各式各样的食材打交道，喜欢做寿司，做寿司对他来说，就是人生最大的享受。因为发自内心的喜欢，所以，智路做起寿司来特别认真、专注。为了做好寿司，他对所有的寿司食材进行研究，对温度、湿度、心情、手感等各种可能影响到寿司味道的因素进行总结和归纳。在旁人看来，这实在是无聊而无趣的一项工作，智路却乐在其中。这份快乐，也成了对寿司进行研究探索和改进尝试的动力。

乐趣能带来工作热情和激情，著名职业经理人、前惠普全球副总裁孙振耀是这样理解的：“如果你对工作有兴趣，你就会有激情，你就不会为钱而努力，而是为理想而努力，到那个时候金钱自然也会有。所以说做任何事情，激情是第一位的。”

那些在工作中取得卓越成就的一流职人，无不视激情为生命。

唐骏崇尚激情，他对激情的定义是：“当你每天早上醒来想到要做这份工作时，会觉得很兴奋，迫不及待地想去做；当你每天晚上睡觉的时候，觉得有很多事，希望明天可以快点去工作，这是对工作的激情。生活里，人对生活有各种各样的态度，有激情的人看周围的人、周围的事、周围的社会，是以正面的东西为主流，看到更多的是美好的东西。”

激情是最佳工作状态的代名词，它是工作的灵魂。那些具备饱满工作激情的职人，能够一个人为了完成一项任务而废寝忘食，可以承受几年甚至更长时间去做琐碎细致的工作并一直追求卓越，可以面对任何困难而毫不退缩，可以面对无数次拒绝却仍然不言放弃，可以不惜一切代价去达成目标，不达目的决不罢休……

将工作视为乐趣和享受，是一种较高的境界，有些人未必能够达到。他们无法把工作当作一种乐趣，而只是当作一种不得不接受的苦役，因而在工作中通常会缺乏激情。

“一张桌子三道擦：头道用桌刷，刷刷两下，抹布再绕桌子，残渣剩饭一扫光；二道，噌噌，要不了10秒，水渍油渍全完蛋；三道，刷刷刷，一条洁白的毛巾，从锅圈向桌边环绕过来；刚才还是脏了吧唧的桌子焕然一新。一眨眼工夫，毛巾在服务员手中翻了个跟斗，用另一面去履行它最终的使命——让桌子光亮照人，这次是从桌边向锅圈环绕，还是那样迅雷不及掩耳，一瞬间像变魔术一样，一张马上能接待客人的桌子就准备好了。”

这是黄铁鹰教授在《海底捞你学不会》书中对海底捞员工工作细节的描述，擦桌子是一项枯燥乏味的工作，按理说，是难以让人产生乐趣的，不过海底捞的服务人员硬是擦出了艺术感，擦出了职人气质，我相信这个过程他们是快乐的，是享受的。

诗人弥尔顿说：“一切皆由心生，天堂和地狱只不过一念之间。”你认为自己工作得很快乐，你就会工作得很快乐；你认为上班简直是一件苦差事，你从每周一到周五都会感到很痛苦。

被誉为“世界上最伟大的推销员”的乔·吉拉德在被问及如何成为一名好的推销员时，他说：“要热爱自己的职业。”

接着他做进一步的解释：“不要把工作看成是别人强加给你的负担，虽然是在打工，但多数情况下，我们都是在为自己工作。只要是你自己喜欢的，就算你是挖地沟的，这又关别人什么事呢？”

还有一个问题，一时的乐趣，一时的热情，一时的兴起，想去努力工作，谁都能做到，但往往在坚持了一段时间之后，就以“太累了”“时间安排不过来”“还要经常出差”等各种借口来为自己的偷懒遮掩。

如果用心观察，我们不难发现，无论是同龄人中的佼佼者，还是公司里的高层，他们都有着超凡的意志力和自控力，往往能够长久坚持某种良好的生活、工作习惯，数年如一日严格要求自己，这种坚持和精进，让他们变得更优秀。

在奥格·曼迪诺的经典之作《世界上最伟大的推销员》一书结尾处有这样一句用心良苦的话语：“没有一样美丽的东西，可以在瞬间展现它的华彩，因此你需要信心。”

对于各种人生规划、工作行动计划也都是如此，不仅需要信心，而且也需要将之坚持不懈地执行下去的毅力和意志力，这样才能最终发现“华彩”之所在！

因为“生命的奖赏远在旅途终点，而非起点附近”。

2. 优势化生存

以往，人们主张要“扬长避短”，有些研究者更是发现，尽管人们成功的路径各异，但纵观那些成功者，都有一个共同点，就是善于“扬长避短”。因为人的时间是有限的，如果把不多的时间和精力过多地用在弥补自己的短处上，就无暇顾及与增强自己的长项了。

为了证明“扬长避短”的正确，研究人员还给出了直观的描述。

每个人都是长处少而短处多（如下图所示）。

如果遇见一个短处都要去“取长补短”的话，那么补来补去，不仅短还是短，甚至连原有的长处也变得“短了”（如下图所示）。

但如果扬长避短呢？那么将会是已有的优势得到更充分的发挥，人就能

脱颖而出（如下图所示）。

正所谓“尺有所短，寸有所长”，尺虽然比寸长些，但也有它的短处；寸虽然要比尺短些，但也有它的长处。人也是这样，各有所长，也各有所短，任何一个人都不会是十全十美的。

与其徒劳无功地去取长补短，不如更明智一些，去扬长避短，充分发挥个人特长，形成差异化竞争优势。

通用电气前 CEO 杰克·韦尔奇在《赢》中讲过这样一个故事——

一天，一名经理人在自己的办公室接待了一个特殊客人，是某个业务伙伴的儿子。这个年轻人即将从哈佛大学毕业，找这名经理人讨取一些职业发展方面的建议。

谈话结束后，经理发现年轻人的笔记本上贴满了各式各样的汽车画作。原来，他一直梦想成为汽车设计师，特别喜欢画汽车，上面都是他的作品。这个年轻人还经常去参加汽车展会和全美汽车联赛。

经理感觉难以理解，她说：“你这么喜欢汽车，应该去底特律工作呀！为何还要考虑做咨询和投资银行方面的工作呢?”

年轻人沮丧地说：“我父亲告诉我，我上哈佛的目的可不是为了去做汽车。”

在韦尔奇看来，“底特律”代表的是个人的兴趣和梦想，对职业人士而言，应为自己的“底特律”而战，发挥优势，听从于兴趣和梦想的召唤。

青啤公司总裁金志国始终相信“人为先，策为后”，他说：“让合适的人做合适的事，远比开发一项新战略更重要。”

以前，很多知识分子被下放到农村去劳动，他们的农耕水平还不如一个平常的农夫，因为不是个人优势所在，他们不擅长。正如俗话所说：“能研究原子弹的未必能煮得了茶叶蛋，北京大学的教授未必能将农场的猪养得白白胖胖。”

由此及彼，职人优势化生存的关键在于，要善于做自己的猎头，发现自己的优势和独特潜质。发挥优势，就不能让猪去唱歌、让兔子去学游泳、让乌龟去赛跑，而应该让它们去做它们最擅长、最喜欢的事。事实上，人最大的幸福与幸运莫过于——他会做这件事，他喜欢做这件事，而且老板恰恰让他去做这件事。

著名物理学大师、诺贝尔奖获得者杨振宁，开始是研究实验物理的，但是他看上去并不怎么称职，以至当时他所在的实验室里居然在流行这样一句话：“哪里有杨振宁，哪里就有爆炸。”

这是怎么回事呢？杨振宁的动手能力极差，做试验时总是笨手笨脚，不仅对实验帮不上什么忙，反而处处添乱，以至所到之处爆炸声不断。基于这种现状，杨振宁果断地放弃了实验物理，改做理论物理的研究，自己只负责理论，而自己不擅长的实验则完全交给他人来做，充分发挥了自己的优势，最终问鼎诺贝尔奖。

经营优势，首先应是性格上的优势。

我曾分析过大量的领导者、企业家和成功职人，发现他们性格各不相同——有的人能说会道，有的人沉默寡言；有的人独揽大权，有的人高度分权；有的人大而化之，有的人心细如发；有的人善于规避风险，有的人则喜欢冒险；有的人内向，有的人外向……但这些性格上的差异并没有妨碍他们事业的成功。

前几年有一本书很火，叫《性格决定命运》，人的性格能决定命运不假，但性格本身并无好坏之分，关键在于如何扬长避短。

微信教父张小龙，正式头衔是腾讯公司高级执行副总裁、微信事业群总裁，这个让很多产品经理和IT人士膜拜的传奇人物，却是出奇的腼腆与沉默，很不擅长人际交往。

张小龙喜欢借助技术和工具与人沟通，这种特质，让他先后开发出Foxmail、QQ邮箱、微信等具有时代意义的产品。

入行20多年来，张小龙低调冷静，在安静的角落里耐心做产品，远离喧嚣，少有人关注。这恰好是产品经理最稀缺的素质和精神，专注、坚守于自己之所长。

这种坚守，以及对人性的深刻把握，让张小龙做出了世界级的产品，张小龙开发微信的用意在于：人很孤独，需要沟通。他在饭否的日记上，写过这样一句话：

“这么多年了，我还在做通信工具，这让我相信一个宿命，每一个不善沟通的孩子都有强大的帮助别人沟通的内在力量。”

面对缺陷，比如不善沟通，我们正常的逻辑是什么？我们会被自己的潜意识和其他人不断灌输这样的理念——你要开放，你要多跟人交流，变得开朗一些。

当然不能一刀切地认为这种观念不对，但是在取长补短的同时，必然会限制你的扬长避短。

香港紫荆花杯杰出企业家李践在《做自己想做的人》一书中，提出了识别自己长处的七个自问，这七个问题对于我们发现自己的优势（不论是性格上的优势，还是其他优势）都很有指导意义：

（1）我究竟有什么才干和天赋？什么东西我能做得最出色？与我所认识的人相比，我的长处，高人一筹的东西是什么？

（2）我的激情在哪一方面？有什么东西特别使我内心激动向往，使我分外有冲动去完成，而且干起来不仅不觉得累，反而感觉其乐无穷？

（3）我的经历有什么与众不同之处？能给我什么特别的洞察力、经验和能力？运用它我能做出什么与众不同的事？

（4）我最明显的缺陷和劣势是什么？

（5）时代和环境有什么特别之处（地理、政治气候、历史经济、文化背景等因素）？这其中有什么东西能对我的机遇产生影响？

（6）我与什么杰出人物有往来？他们有哪些杰出的才干、天赋和激情？与之合作（或跟随他们），能找到什么样的机遇？

（7）我要看到何种需要得到满足？

3. 从学徒做起，从最简单的事干起

合抱之木，生于毫末，九层之台，起于累土。任何事物都是一点一点发展的，任何成就都是一点一点积累的。

做一个真正的匠人，更是如此。急于求成、揠苗助长，只能一无所成。

没有谁能够一夜之间成为宗师，也没有谁能够一夕之间功成名就，想要成功，首先要放弃好高骛远的想法，踏踏实实地从最简单的事情做起。

一名外企经理找了一个新助理，名牌大学毕业，是一个刚满 25 岁，长发飘飘、聪明伶俐的女孩子。

刚走出校门，助理对各项工作事务并不熟悉，经理很用心，手把手教她，从一些基本的工作流程到待人接物，她都学得很快，跟同事相处也颇为融洽。

经理逐步给她安排一些跨部门和分公司之间的沟通协调工作，让她去处理。开始状况频出，经理的耐心地开导她，教她如何改进的方法。

一段时间之后，这名助理自感所做的都是一些琐碎的工作，一直没接触到实质性的任务，于是找经理进行了一次深入沟通，谈这个问题。

明白了她的意图之后，经理反问："你觉得什么叫不琐碎的工作呢？"

她支吾半天答不上来，总觉得自己一个名牌大学的高才生，一直做琐碎的工作有些屈才。经理跟她谈了很多，她听进去很少。

半年以后，这名助理提出辞职，理由还是琐碎的工作让她没有成就感。

经理问："你觉得目前让你感觉最琐碎最无意义的工作是什么？"

她回答道："帮您报销各种发票，从财务拿回现金。"

经理问："那就这项工作，你总结出什么经验了吗？"

她很诧异："只要数额上不出错不就行了吗，还能有什么经验？"

经理说："我来跟你讲讲我的工作经历吧，几年前我担任总经理助理，有一项重要工作就是报销各种发票，跟你现在做的一样。本来这项工作没什么好说的，按财务流程正常推进就行了。但我是做财务工作出身，深知这些票据反映的是总经理乃至整个公司运营相关的费用情况，于是我建了一个表格，将总经理报销单据上的所有信息进行归类记录。

"当时的初衷也很简单，就是做好数据管理，以便领导随时垂询。不过后来，通过这些信息我渐渐发现一些规律，比如总经理参加的商务活动，根据其场合，我就能大概推算出预算的多少和常规的处理方式。

"后来，总经理也发现了异常。他每次安排的任务，我都能很妥善的予以处理，甚至在他没有提供关键信息时，我也能及时很好地进行处理。

"总经理感觉很好奇，我才告知了我的做事方式。他对我愈加信任放心，我们之间配合得越来越默契。直到我升职的时候，他告诉我'你是我用过的最好的助理！'"

推心置腹的沟通，引来的只是助理的发愣。经理就对她直言说："其实你最大的问题就是太浮躁，心没有沉下去，对琐碎的工作不够用心。"

又过了几个月，这名助理还是辞职了。在之后的一年里，她先后换了三份工作，都不是很满意。

看似聪明的人，从来不认为是自己出了问题，他们会抱怨领导不够慧眼识珠，总给自己安排一些无足轻重的工作。他们迫切需要施展个人才华的机会，做一些重要的、有意义的大事，对于日常琐碎的工作不够上心。

日常工作哪有那么多惊天动地的大事要做？老板需要聪明人，需要能力强的人，更需要一个踏实的人。在聪明和踏实之间，老板更愿意选择后者。

小事做不好，又何来大事的成功呢？做不了小事，又如何做得了大事呢？小事都做不好，别人又岂能相信你具备做大事的能力呢？又岂会把担当重任的机会给你呢？海尔总裁张瑞敏说过"把简单的事情做好就是不简单，把平凡的事情做好就是不平凡"，讲的就是这个道理。我们不得不承认，人的能力是有差别的。

有这样一个笑话让人深思。

同行问科比：“你为什么获得这么大的成功？”

科比说：“你看过洛杉矶凌晨四点的样子吗？”

同行回答：“经常看到啊，我每天三点半就起来练球呢。”

……

你比别人更努力却没有取得同样的成绩，只能说你的能力和天赋还没达到那种层面。

从复旦大学毕业之后，曾经的学生会主席、意气风发的陈天桥，被分配到了陆家嘴集团公司。

公司给陈天桥安排的第一项工作，是在一个小房间里放映有关集团情况介绍的录像片，每天都是简单的重复，一做就是10个月。陈天桥说：“我从复旦毕业，是跳级生，又是全市优秀学生干部，过来就让我干这个……”

不过，他熬过去了，十个月后，集团下属的一家企业有个干部挂职锻炼的机会，他们选了陈天桥。这样，24岁的陈天桥就成了陆家嘴集团的董事长秘书。

陈天桥说：“在我当时这样一个年纪，这样一个背景，我能耐得住10个月的寂寞，躲在一个小房间里放录像，我自己感觉这对后面的年轻人还是有所启示的。很多年轻人觉得自己怎样怎样，要干这个，要干那个，但无论干什么，首先要适应环境，而不是等着环境来适应你。”

以陈天桥的才华，尚且需要长时间“委身”于简单无意义的工作，你的才华又能支撑起你多大的野心呢？

毕竟像李一男那样的传奇经历少之又少，千万不要膨胀地认为自己能够跑赢概率，上来就主张做什么大事。

就像汪中求先生在《细节决定成败》一书中所说的：

“芸芸众生能做大事的实在太少，多数人的多数情况总还是能做一些具体的事，琐碎的事，也许过于平淡，也许过于鸡毛蒜皮，但这就是工作、是生活，是成就大事不可缺少的基础。员工只有通过做小事的认真，才能成就处理单位中大事的能力。坚持把简单的事情做好就是不简单，坚持把平凡的事情做好就是不平凡。”

所以说，当你的才华还撑不起你的野心时，你就应该静下心来学习；当你的能力还驾驭不了你的目标时，你就应该沉下心来历练，踏实工作。

好高骛远，你不仅把握不住当下，还会失去未来。

匠人的成长，就如竹子拔节，“学徒十年，只能煎鸡蛋”不是笨拙，而是一种值得骄傲的坚守与严格。唯其如此，唯有苦心如是，一个匠人才能真正炼成。

4. “一生悬命”式的全身心投入

“一生悬命”，意思是“一生拼命努力”。这种拼命，不是短暂的、不是定期的，而是一生一世的。

一生只专注做一件事，为了一件事而一生拼命地努力。这就是日本人，尤其是日本职人最纯粹的价值观。

这种价值观，在日本人的日常生活中、职场生态中、各行各业中，都被体现得淋漓尽致。

日本宫廷大剧《笃姬》中曾有这样一个桥段——

年幼的敬子（即笃姬）看到努力耕作的农民食不果腹，身为“武家”的父亲什么都不做却能吃上白米饭，而赌气拒绝进食。母亲就告诉他，每一个人从诞生的那一刻起，都被赋予了“天命”，农民的天命是耕种，“武家”的天命是守护领主和疆土，天命不同，职责不同，但都需要以“一生悬命”的态度，竭尽所能去完成。

日本战国时代结束后，“武家”这一特殊的阶层也消失在了历史长河中，但其“一生悬命”式的态度和信仰沿传了下来，并渗透进了整个民族的骨子里。

在日本，每一个人，无论从事的职业是什么，都会用一生去热爱和付出。跳槽对他们来说就是一种侮辱，工作做不好，比被人当面打脸还要让他们难受。在工作的时候，日本职人从来都是一丝不苟的。

家住日本伊东市的黑田泰藏是日本现代四大艺术发展大师之一，与安藤忠雄、三宅一生、杉本博司齐名当世。他名声显赫，但个性很淡泊。他这一生，唯一的追求便是“带着一点自觉的使命，追寻白瓷中那不完美的轨迹”。

黑田一生，不做其他，只专注于制作和研究白瓷。

他制作的白瓷，不是奶汁一般的乳白，而是一种天然的、融融的、带着一种自然光晕的白，仔细观看，每一件黑田白瓷似乎都带着禅意，蕴含着一种深远幽谧的意境。

当被问及为什么一直在做白瓷，而且是做近乎一样的白瓷时，黑田笑了，他的回答很简单：“是喜爱，是一种洋溢于内心的、自觉的使命。”

他说：“当未找到你想做、所追求的事情时，不要介怀，唯有不断地继续做，直到找到你真正喜爱的，你就会全情投入，带着一点自觉的使命，努力去做。所有的创作都是这样。找到对的路，就不容许妥协。”

黑田一生都不曾妥协，在找到最喜爱的“白瓷”之后，也一直在以对待使命般的态度，在专注地做着每一件白瓷。他心无旁骛，内心里只有一个简单而纯粹的想法，就是把白瓷做好，所以，他成了一代大师。

他们生活中默默无闻，鲜少出现在公众的视野里，但在各自的行业中是中流砥柱，无可替代。

中国航天科技集团第一研究院211厂发动机车间班组长高凤林，给火箭焊“心脏”焊了30多年。

30多年来，高凤林就像是现实版的“卖油翁”，一天天、一月月、一年年，无数次地重复着同一项工作——焊接火箭发动机喷管。对他来说，焊接已经不是单纯、枯燥、机械而重复的动作，而是一个“创造艺术”的过程。在他眼中，经过焊接的每一个喷管都是一个金娃娃，倾注了他的全部心血，经过了精雕细琢，是最完美的艺术。

曾经，有企业开出“高薪加两套北京住房”的优厚条件对高凤林进行挖角，高凤林却无动于衷。这并不是因为中航给他的条件更好，而是因为他在给火箭焊“心脏”的过程中，得到了一种发自内心的满足感。这种满足感与成就感，不是真正的匠人，是无法体会的。

高凤林用了30多年的坚守，将一个航天匠人对理想的执着诠释得淋漓尽致。正是因为有了一个又一个高凤林这样的“工匠”，才有了我国航天事业的蓬勃发展。

高凤林“一生悬命”般地投身本职工作，响应国家和人民的呼唤，用30多年的坚守，诠释了一个航天职人对工作事业、对理想信念的执着追求。

“一生悬命”地投入工作，要学会对抗职业倦怠感。

“倦怠”由加州大学教授 Christina Maslach 和著名临床心理学家 Herbert J. F Reudenberger 提出，指人们在工作重压下产生的身心疲劳与耗竭的状态。研究发现，这种工作重压未必源于过大的工作量，或者过长的工作时间，更有可能源于“无力感”“无方向感”等消极情绪。

哈佛大学学者 Shawn Achor 在《快乐竞争力》中提到，从“倦怠”到“投入”能使人们的表现平均提高31%。

《幸福的假设》一书的作者 Jonathan Haidt 曾说：“我愈发确定心理学家的结论，幸福必然来自对于人生的投入，而不是与之脱离，包括对自己的投入，对工作的投入，对人际关系的投入，成为比你更大事业的一部分。”

工作投入不仅需要意识层面的默许，更需要时不我待的行动力。工作中，人总是习惯用各种借口来说服自己延迟行动。

李开复将这种“推迟投入”视为一种现代的病症——幸福延迟综合征。“大家都听过，我们应该充分利用每一天的时间，但大多数人都是得过且过，勉强度日。尽管我们都知道，应该充分投入生活，并且大多数人也希望能做到这一点，但是仅仅有美好的愿望是远远不够的，我们最终需要付诸实际行动。”

工作亦是如此，只有在任务的难度与能力相匹配的行动中，人才能完全专注于一件事，浑然忘我、心无旁骛，全然忘却周遭事物的存在，将工作效能发挥到极致。

这种听从内心激情的投入，也正是心理学提出的“心流”——一种最高效的工作状态，职业倦怠感的对立面。